アシュタールメソッド

Ashtar method

［新装版］アシュタール×ひふみ神示2

宇咲愛

Usaki Ai

ヒカルランド

あなたの中の不必要なものをどんどん手放して、
宇宙の意識と神聖さを開いていくのです。
そうすることにより新しい光の世界へと進み、
宇宙と共鳴していけるのです。
そして日本は光り輝き、真実の世となっていくのです

新装版　序文

この度、ヒカルランド　石井建資社長から、新装版のお話を頂き、改めて、今の時期にみなさまにこの「ひふみ神示2」の内容が必要なのだとひしひしと感じています。

そのお話をいただいた3日後のことでした。アシュタールが私にメッセージを送ってきたのです。

「愛！　新時代の社会を実現していくヒントがこの中に記されているんだよ」

私は、ある個所のインスピレーションをキャッチして、魂が悦んでいるのがわかりました！

まだ、日本では実現されていない組織形態であったり、思考そのものであったり、変化のきっかけ、変化へのヒントが必要な時なのです。

「変わらないといけない」「このままではいけない」それは、全ての人々が感じていることだと思うのです。

しかし、どう変わればいいのか？　それがわからないのではないでしょうか。

既存の枠に縛られている時代ではないのです。

規則！　規則！　で、人間がコントロールできる時代は、終焉《しゅうえん》を迎えているのです。

では、どうすればいいのか？

そのヒントがこのひふみ神示の中にあるのです。

この書籍が世に出たときには、変化するきっかけに必要だった。

今、この時に必要なのは、「どう変化すればよいのか？」という部分なのだと思います。

ひふみ神示のこの部分、そして、この役にヒントがあるのだということを宇宙が私たちに伝えてきているのです。読めば読むほどに味が出る内容なのだと思います。

そして、この新装版は、このような書籍の存在を知る人のために存在するのです。

私が筒になって、みなさんにお伝えしている内容、つまり、それは、真実の宇宙の法則なのです。

真実の宇宙の法則を伝えている人は、まだまだ、少ないのです。

地球の法則と混ざっていることが多い中、それと区別するために「アシュタールメソッド」というネーミングをアシュタールが伝えてきたのです。

アシュタールは言いました。

「愛（宇咲愛）が伝えるものを読んでいる人々の99％は、宇宙意識が覚醒するのだ」

その時は、にわかには信じられませんでした。

アシュタールからのメッセージをキャッチして、数日後アシュタールフルトランスの個人セッションを受けに来られた方がいました。

彼女は、フルトランスセッションを受けた帰り際に私に言いました。

『私は、数日前に愛さんのブログを読んでいる夢をみました。

その夢は、（愛さんのブログを読んでいる人の99パーセントの人が覚醒する）という内容でした。

夢から覚めた時、わくわくしました。そのブログの内容は、以前、夢ではない現実で読んだことがあるので、もう一度読んでみようとそのブログを探してみたんです。でも、みつからなかった。

おかしいと思って、今、愛さんにフルトランスになったアシュタールに確認してみたんです。

すると、アシュタールは、（確かにその内容は、愛に私から伝えた。愛が下書きしているのを先にあなたが見たのでしょう）と言われました。

愛さんの下書きしているブログを先に読んじゃうっていう不思議なことがあるのですね』

私は、彼女に伝えました。

『確かにアシュタールからは、そのようなメッセージをキャッチしました。でも、畏れ多くて、おこがましいので、ブログに載せる気はありません。だから、下書きもしていないんです』

すると彼女は、

『いえ。私は、その内容を知って、魂が喜ぶのがわかったのです。そのような読者さんはたくさんおられると思います。だから、愛さん！　その記事を掲載してください。

無理にとは、言いませんが、気が向かれたらで結構です。読者のためにもご検討くださいね』

そうおっしゃって、帰られました。

私は、凄い時代がやってきたものだと感心したのです。本当に潔く、アシュタールメソッドを実践されている人々は、急激にステージが瞬間移動し、素晴らしいご体験をどんどんされています。

宇宙は、デジタルです。ぱんっ！　と両手を合わせた瞬間に変化するものなのです。

それを信じて実践するかどうか？　それだけの話なのです。

釈迦の弟子の、声聞縁覚《しょうもんえんがく》という智慧者は、成仏できなかったといいます。

そこにもヒントがあるように、「宇宙はシンプル！」「宇宙はデジタル！」これを実践していくことで、宇宙を味方にして、楽しい人生を歩むことになるのです。

あなたも、この地球に存在している、ということは、この地球での役割使命がまだまだ、残って居る！　ということです。

マスタークリエイターと約束してきた、役割使命を楽しく実践すると無限の豊かさが溢れ出してくるのです。

まずは、このひふみ神示の内容をお読みくださいね！

2017年8月　吉日

宇咲　愛

はじめに

あなたは、川上に幸せや豊かさがあると信じて、毎日毎日オールを握りしめて、川の流れに逆らって上流を目指して一生懸命漕《こ》いでいませんか。

それでも、毎日が不安でいたたまれなくって、今後どのように過ごしていっていいのか、行き先がわからなくなっていませんか。

今の私は、本当の私ではない！　そう感じていませんか。

そんなあなたは、今変化を迎えようとしている時なのです。

無意識にその兆候を察しているあなたは、なんだか毎日がすっきりしなくて、現実のあなたに違和感を持ちはじめているのです。

その違和感は、本来のあなたに戻ろうとする合図なのです。気分がすぐれないのもそのせいなのです。それは、愛するあなた自身からのメッセージなのです。

そして、おめでとうございます、やっと、本当のあなたに戻る時がやってきたのですね、と、私からお祝いのメッセージをお伝えしたいのです。

私もほんの2年ほど前は、「私の天職天命って何なのだろう。だれか、それを教えてくれないかなぁ」と思っていました。そう思いはじめたのが変化のきっかけだったのかもしれません。

現実のあなたに違和感を持つということが、とても重要なポイントです。

違和感を持つということは、本当の自分とはギャップがあると感じている、ということなのです。

次にあなたがすることは、本当のあなたを見つけることです。そして、あなたの毎日の思考を少し変えるだけで、いとも簡単に現実がみるみるうちに変化していきます。

多くの人は今まで生きてきた人生の経験を思い出して、「そんなに都合のいい変化がいとも簡単にやってくるわけがない」と認めたがりません。

あなたの望む人生を実現していくには、あなたの思考を少し変えて、今まであなたが持っていた固定観念と、あなたを縛っている制約を手放すだけなのです。

まずは、頭で考えることを手放しましょう。

あなたの行動にどうして理由づけが必要なのでしょう。

本来のあなた自身は、理由がなくても、「なぜかわくわくしたこと」をやるはずです。理由づけしないと行動してはいけない、と私たちは知らず知らずのうちに教育されてきたのでしょう。

感じることが一番大切であったにもかかわらず、頭で考えることを強《し》いられ、感性がだんだんと麻痺《まひ》してきているのかもしれません。

でも、諦《あきら》めることはありません。私も46歳で気づいたのですから……。

先日、私が代表を務める「魔法の学校Ⓡ」の受講者の70歳の女性から、次のようなご質問をいただきました。

「『手放すことがよい』とよく本にも書かれていますが、私は先祖やさまざまな自然に感謝をして生きています。そのようなことも手放すのでしょうか」

内容の深いとても素晴《すば》らしいご質問でした。

ひふみ神示の宇宙訳では、日本の古き良き素晴らしい文化が世界を救っていくとも言われています。戦後アメリカから入ってきた文化をさも日本の文化であったかのように継承している部分もあると思いますが、宇宙の視点から見ると、日本独自の文化の中で、受け継いでほしくない文化もあるのです。

それはアシュタールがいつも例に挙げていますが、「犠牲になることを美化した文化」です。他人の犠牲になるのではなく、まず自分を愛して、自分を愛で満たし、溢《あふ》れさせることが重要だと言っています。愛のエネルギーを循環させるためには、自分自身に循環させる愛がないと砂漠のようなハートになり、ストレスを感じてあなた自身がネガティブになっていくのだそうです。与えるものと受け取るもののバランスが崩れることから起こるものだと思います。

バランスを崩したあなたは、きっと疲労困憊《こんぱい》し、「どうして、いつも私ばかり辛《つら》いの」と言うようになるのです。

反対に、継承していくにふさわしい文化とは、日本人は昔から「お蔭様」「ご先祖様」と目に見えない存在に対して感謝をする習慣がありました。自分は、一人で生きているのではなく、いつもお天道様が見ているのだから、嘘をついてはいけない、誠実に生きていこうという姿勢を保っていました。貧しいけれど清廉さを保ち、不平不満を言うこともなく、今の生活に感謝をして生きてきた日本人は、その文化を守って伝えてきたのです。そして、世界に類を見ない高度な文化を維持し、自然と共に生きてきました。それは、宇宙と共に生きてきたといっても過言ではないでしょう。

そのように日本の文化の悪《あ》しき部分と良き部分を分けていく必要があるのです。

あなたにとって不必要なものは、どんどん手放していきましょう。手放すものは、一生存在し続けるでしょう。あなたが成長して、あなたが存在するステージが変化すると、新しいステージに見合った手放すものが見つかるのです。そして、手放すものが見つかったあなたは、こんな自分がまだいたんだと落ち込むのではなく、教えてくれた宇宙に感謝をして、喜んで手放していきましょう。

手放していくことで、あなた自身のエネルギーがだんだんと軽くなっていき、あなたのどこかに隙間《すきま》ができてきます。その隙間を創ることが大切です。その隙間に、宇宙からさまざまなギフトがやってくるのです。新しい何かが入る隙間がないと、あなたの望むものは入って来れないのです。

その隙間が大きければ大きいほど、大きなギフトが宇宙からやってくるのを経験することでしょう。そのギフトとは、何も物質だけとは限りませんが、あなたが予想もできないような素敵なギフトであることがほとんどでしょう。

宇宙は、私たちに、ベストなタイミングでベストな舞台を用意してくれるのです。その緻密《ちみつ》な計画は「素敵！」と思わず声を上げたくなるほどいつもブラボーな感じでやってきます。

突然訪れるのです。あなたは受け取る準備が必要かもしれません。

今のあなたのように、ただただおかしいと感じているだけでなく、それが変化する兆候であることがわかっていれば、突然来たギフトも受け取ることができるのです。今、あなたが置かれている状況を知っているのといないのとでは、あなたの未来が変わってくるかもしれません。

今回ご紹介するひふみ神示は「今、私たちが変わる時なのだ」と魂レベルで理解し、混沌《こんとん》としている現代社会を直視しながら、今後私たちはどうしていったらいいのか、という道しるべとなる内容です。

アシュタールメソッド
[新装版]アシュタール×ひふみ神示2

目次

Chapter 2

私たちから発信される波動が未来を創っている……41

Chapter 3

あなたの思考はとんでもなくパワフル！／魔法使いになる方法……61

Chapter 6

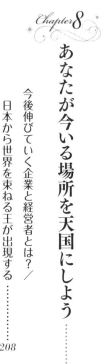

カバーデザイン　三瓶可南子
本文デザイン　ムシカゴグラフィクス
本文イラスト　この葉月
校正　麦秋アートセンター

Chapter 1

あなたの恐怖や不安が右肩下がりの人生を招いていた

日本人を支配しようとするエネルギーは恐怖や不安の感情から生まれた

ここでご紹介するひふみ神示は、まさしく現在の社会で起こっている状況を言い表しているように感じます。

私は少し前まで、この世界を支配・コントロールしようと動いている組織の頭の良さにがく然とし、もうすでにそのような社会システムで動いている現実に脅威を感じていました。そして、何を隠そうこの私自身も、利便性という名のもとに、その社会の一員となってしまっていて、もうどうしようもない！　と感じていました。

しかし、このひふみ神示やアシュタールからのメッセージは、決して暗い未来ではなく、輝く光の世界へ向かう道を示してくれていました。

「一人で立ち上がる！」という精神がその道を歩むための権利であることや、一人ひとりが自分らしく生き、そして、自分はどう感じて、どうしたいのかという願望が重要であることを学びました。

2年ほど前まで、私は看護師管理職として医療法人という組織の中で闘ってきましたが、組織の傘の下にいることの安心感を感じていたのかもしれません。そして、生きていくためには組織の中にいることが当たり前である、という価値観をもっていたように思います。

でも、ひふみ神示やアシュタールの価値観は全然違っていました。

組織を作ろうとする、あるいは組織に入ろうとする心の中に、自分を滅ぼしてしまう種が存在していたのです。

私たちを支配・コントロールしようとするエネルギーは、組織を狙って入り込んできます。

組織のリーダーを支配・コントロールしてしまえば、その後は芋づる式にその組織をコントロールすることができるからです。

そして、組織を作る時に、私たちの恐怖や不安をあおって訴えてくる情報にも注意が必要です。

恐怖や不安から発せられる思考には、明るい未来は存在しません。私たちは、「戦争反対！」と活動をすることよりも「平和な世界を創る！」という活動が必要なのです。「戦争反対！」と言っている限り、戦争が存在する世界に住むことになります。何かを否定するのではなく肯定する活動が光の世界へ続く道のようなのです。

［風の巻　第十二帖（三六三）］
日本の人民餌食《えじき》にしてもやり通すと、悪の◉申している声、人民には聞こえんのか。よほどしっかりと腹帯《はらおび》締めおいて下されよ。◉には何もかも仕組みてあるから、心配ないぞ。改心出来ね

ば気の毒にするより方法ないなれど、待てるだけ待っているぞ。

月の大神様が水《み》の御守護、日の大神様が火の御守護、御土《おつち》つくり固めたのは、大国常立《おおくにとこたち》の大神様。この御三体《ごさんたい》の大神様、三日この世構いなさらねば、この世、くにゃくにゃぞ。実地を世界一度に見せて、世界の人民一度に改心さすぞ。

五十になっても六十になっても、いろは、一二三《ひふみ》から手習いさすぞ。出来ねばお出直しぞ。慢心、早合点大怪我のもと、今の人民、智が走り過ぎているぞ、気つけおくぞ。二月十六日、ひつ九のか三。

〈宇宙訳〉

みなさんは、日本の人たちを支配・コントロールしようとしているエネルギーを感じていませんか？　それは、あなた方の心の隙間に入り込んでくる恐怖や不安という感情から湧き上がるエネルギーなのです。あなた方の環境が変化することで、あなた方はその対応をするために行動を起こそうとしているはずです。しかしその行動は、ご自分の心の中の恐怖や不安から発信している行動であるかどうかを確かめるようにしましょう。あなた方の恐怖や不安から突き動かされる行動は、ネガティブな結果を生むだけとなります。なぜならば、あなた方の感情は、エネルギーや波動となって宇宙に発信されているのです。宇宙はあなた方から発せられるネガティブな波動をキャッチして、あなた方の未来を創造していくのです。ポジティブな未来を築いていくためには、ポジティブな波動を発信する必要があります。あなた方はただただポジティブな波動を発信することで、何の不安も恐怖もない世界を創ることができるのです。

そのことにフォーカスせず、いつまでも恐怖や不安から起こる行動をとる限り、ポジティブな未来は来ないでしょう。

この惑星を支えているのは、水を守る月のエネルギー、火を守る太陽のエネルギー、そしてこの惑星の大地をサポートし続けているのが、あなた方が「大国常立」と呼んでいるエネルギー体なのです。

この三本の大黒柱でもあるエネルギー体が存在しているからこそ、森羅万象《しんらばんしょう》がスムーズに保たれ、生きることができるのです。あなた方が恐怖や不安や怒りの波動を発信し続けると、その波動が地球に伝わり、この惑星がネガティブなエネルギーを吸収して、バランスが崩れ、その存在が危うくなるのです。

この状態が続くと、森羅万象のさまざまなバランスが崩れます。あなた方はその光景を目の当たりにして初めて心を入れ替え、ルールを見直し、生き方を見直し、さまざまな現状を変えていけるのでしょう。

それも、一気にそうせざるを得なくなってくるでしょう。

しかし、そうなる前に、すべての人々が自分自身の思考、生き方を見直していく必要があるでしょう。

思考や生き方を見直し、変えていくことに年齢は関係ありません。50歳、60歳の人が「今までこれでやってこれた」と言ったとしても、それは、すでに過去のことなのです。その経験は、これからの未来には何の効果もありません。逆にその経験からくる執着心がマイナスに働くことでしょう。

日々の生活は一から丁寧《ていねい》に見直しましょう。

傲慢《ごうまん》な心や早合点は、大きなネガティブエネルギーを惹き寄せるでしょう。

あなた方は、生き急ぎすぎているのです。

ゆったりとした心ですべての生活および、気持ちに隙間を空《あ》けるのです。遊び心がポイントでしょう。

戦争や殺し合いではこの世界の立て直しはできない

このひふみ神示では、今後、国民へすべてを与える政治が必要だと言っています。それも、自然に国民に与えることが重要のようです。

現在の仕組みでは、政治家や大企業のみが栄える方向に流れています。

では、政治家が変わらなければ社会は変化しないのかというとそうではないようです。

私たち一人ひとりが自立し、組織に属さなくても生活が成り立っていく、そういう道が今後の目指す方向のように思うのです。しかし、現在の日本の環境から急にそちらの世界へ行くとなると、よっぽどのことがない限り、遠い世界のお話のように感じることと思います。私もそうでした。

しかし今の状況では、世界がどんどん争う方向に向かっているように感じるのです。みなさんはいかがですか?

過去にあった戦争を思い出しても、戦争をしたいと思っている組織たちが動きだし、争いを起こさせたい国同士にお互いに感情的になるように仕向け、そのように誘導します。戦争をすると経済が動き、得をする組織がいくつかあるということです。自分の国民を少々犠牲にしても何とも思わない人々が集まる組織です。組織の中に入ってしまうとそうなってしまうのかもしれません。

その中で恐怖や不安をあおり、叫んでみても何の解決にもならないのです。

アシュタールの言っている「宇宙の法則」によって、一人ひとりの魂が自立・自律する必要があることをひしひしと感じる今日この頃です。

恐怖や不安をあおられて集まる組織からは恐怖や不安のエネルギー、つまりネガティブな波動が発せられ、その波動を宇宙がキャッチして、不安と恐怖が存在する未来を創り出してしまうのです。では、個人個人はどのようにしていけばよいのでしょうか。それは、社会や政治に頼るのではなく、あなたがあなたらしく生きることができるセンサーを使いこなすことです。社会や政治の戦いを止《や》めさせるには、まずあなたの中に存在する戦いから止めないといけません。私たちの魂を成熟させていく方法がこの帖に記載されています。

〔風の巻　第十三帖（三六四）〕

楽してよい御用しようと思うているのは悪の守護神に使われているのざぞ。人の殺し合いでこの世の立て替え出来ると思っているのも悪の守護神ぞ。肉体いくら滅ぼしても、善き世にならんぞ。魂《タマ》は鉄砲では殺せんのざぞ。魂は他《ほか》の肉体に移りて目的立てるのざぞ、いくら外国人殺しても、日本人殺しても、善き世は来ないぞ。今までのやり方スクリ変えて、◉の申すようにするより他に道ないのぞ。このたびの岩戸開きはなかなかぞと申してあろうが、見て御座れ、善一筋の与える政治で、見事立て替えてみせるぞ。

和合せんとマコトのお蔭やれんぞ、一家揃うたらどんなお蔭でもやるぞ。一国揃うたらどんな神徳《しんとく》でもやるぞ、自《おの》ずから頂けるのざぞ。◉要らん世に致してくれよ。二月十六日、ひつ九か三。

〈宇宙訳〉

楽して、怠けて、さまざまなことをいい加減にすませようと思っているのは、あなたの中のエゴのエネルギーに支配されている証拠です。個人のレベルでは、そのようなことが当てはまるのです。組織や政治レベルで言えるのは、人の殺し合いではこの世界の立て直しはできないということです。エゴのエネルギーに人の殺し合いや戦争で何かが改善するのだと思い込まされているだけなのです。

あなた方は、肉体とエネルギー体から成り立っています。肉体が朽《く》ちても、エネルギー体は肉体から離れて永遠に継続するのです。たとえば、誰かが許せないから殺すということはありえません。

そのために誰かの肉体は朽ちるでしょうが、魂は生き続け、殺されたその誰かの魂は肉体を変えて、またこの世界に誕生するでしょう。

戦争をしても何も解決しないのです。ただ、戦争に使われる軍事関係者が潤《うるお》い、一時的にお金が動くだけなのです。

今までの物の考え方や生活自体を見直し、ことごとく改善することが重要でしょう。

現在のすべてのあり方を見直し、改善するほかに方法はないのです。

今回の岩戸開きは、すべての人々が黙ってしまうようなこととなるでしょう。善一筋の国民へ、自然へ、すべてに与える政治が必要なのです。政治家や大企業のみが栄える現在のあり方は180度変わるでしょう。すべての者同士が協力し調和しなければ、宇宙からのギフトは来ないでしょう。

この惑星に存在しているすべての存在は、家族なのです。各々《おのおの》がお互いに家族であり、身内であるという心を持って一家団らんができた時、宇宙から素晴らしいギフトがすべての人々にもたらされるでしょう。

神から授かるのではなく、みなさんお一人おひとりに宇宙からのギフトがもたらされるのです。

そうなれば神の存在は必要なくなるでしょう。

各々のステージの違いにより、エネルギーの受け取り方が違ってくる

発信している映像は同じでも、それを映すスクリーンの質や色で映し出される映像が変化してい

きます。

これを私たちに当てはめると、たとえば同じ幼少期の体験にしても、受け取り方によって学びも違ってくるでしょう。辛い体験をバネにするのか、自分をかわいそうな人に仕立て上げて一生を過ごすのか、それによって変わってきます。

私の母は厳しい人ではありましたが、母が教えてくれたことが今の私を支えてくれています。「苦労を身につけたらあかん。苦労をバネにして跳ね返して、苦労を苦労と感じない人生を送るんやで」と私が離婚をした時に言ってくれました。何か壁にぶちあたるたびにいろいろと教えてくれました。「自分の前に大きな壁ができたら、それを乗り越えるしかないんや。そこから逃げるともっと厚くてもっと高い壁が立ちふさがってくるだけなんやで」「自分の歩んでいる道が間違っていたと思たら、はよ、スタート地点に戻って、もう一度やり直すんや。どれだけ早くスタート地点に戻れたかが大事なんや」そんな、言葉をたくさんもらいました。

同じ状況にあっても人によって捉《とら》え方が変わるし、取り組み方も変わります。

私は自分の人生において、自分でシナリオを描き、父も母も選んできました。もちろん、弟も主人も、そして、私の愛する可愛い長女も、長男も次男も、家族は素敵なソウルメイトだと思います。

長女が幼少の頃に私に言いました。「ママ。私は、ママを守るために生まれてきたのよ」。ハートが熱くなって抱きしめたい気持ちでいっぱいになりましたが、それを受け止めてしまうと、彼女にそのような人生を歩ませてしまうと思ったので、「それは、違うよ。あなたは、自分が幸せになるために生まれてきたのよ」と答えました。しかしながら、彼女が言ったことは本当で、彼女が自分の魂の父を呼び寄せたのです。今の主人と長女は血がつながってはいませんが、魂レベルでは本当の父と娘のようです。主人も娘に呼ばれてきたように感じると言っています。

そして、愛する息子たち、長男と次男は双子で誕生しました。私にたくさんのプレゼントをくれました。まず、可愛いこと。子育ての中で私を成長させてくれたこと。男の子を心の底から可愛いと（他人のお子さんも含め）思えるようにしてくれたこと、器《うつわ》の大きな人間に育ってくれたこと、他人のスケールで価値判断しない人に育ってくれたこと、自分をもっていること……。私は彼らからたくさん学ばせてもらっています。私の環境はパーフェクトだと感謝でいっぱいです。

そんな私の体験ですが、看護師管理職になった時に、離婚や裁判所に通ったことやいろいろとネガティブな経験が役に立ちました。役に立った経験はたくさんあるのですが、一番印象深い体験をご紹介させていただきます。

ある40代の男性スタッフの遅刻が多くなり、本人に原因を尋ねてみました。彼は、自分は妻と離婚するために裁判所に通いはじめていて、気分が落ち込んでいるのだ、と泣きながら話をしました。私と一緒にその話を聞いていた50代の男性の事務長は、同情の余地ありげな反応をしていました。

しかし、私のとった対応は、彼を一喝することでした。「それだけ？　それだけの理由で、こんなにたくさん遅刻するの？」と、私の体験を彼に話しました。私は22歳の時に、離婚のために裁判所に通いました。その裁判所通いは、看護学生を卒業する年から就職が決まって働きだした頃まで続きました。もちろんそれを理由にして、一度も遅刻したことはありませんでした。

私の話を聞いているうちに、その男性スタッフは、ハタと気づいてくれたのか、次の日から遅刻せず、活き活きと働きはじめました。きっと、彼のスクリーンの質や色が変化したのだと思います。

受け取り方で変化する例として、先日、同じ事実でも捉え方で変わるということを経験しました。何かする際に「あと2週間しかないけれど、ポジティブ思考で頑張ります」とある方からメッセージが届いたのです。みなさんは、どう思われますか？

私は「あと2週間もあるのに、どうして、2週間しかないって感じるんだろう」と思いました。そう言った時点ですでにポジティブではないことに、本人は気づいていないのです。そして、ポジティブに頑張ると言っても、スタート時点での思考がすでにポジティブではないので、無理があると感じました。本人には、私が感じたありのままをお伝えしました。そのように、一つ一つ思い癖を手放していくことが必要だと感じています。お互いに気づいたら伝えあう信頼関係が結べたら、共にどんどん手放していけると思いませんか。

そして、最近あったことです。私はある方が引越しをするかどうか迷っていたので、「そのままの波動であれば、今と同じような環境の物件を引き寄せるのではないでしょうか？」と言いました。

その方は、後日、お礼のメールをくださったのですが、その中で、『愛さんからいただいた、『波動が低い』という言葉に目が覚めました」という一文がありました。お礼のメールでしたので、その前後は、こんなに変化をした、と喜ばれているのですが、その箇所を拝見して、受け取る側次第で、私が言った言葉も変化するのだな、と感じました。

私自身にそのような事柄が起こるのですから、他の方々にもあるということです。

なので、私の所へ来て、「あの人にこんなことを言われた」とおっしゃっている内容も「本当にその人が言ったかどうか、ご本人に確かめる以外に術《すべ》はない」と思いました。私がそこからキャッチするのは、そう受け止めたその人が存在しているということだと思います。

私は、噂《うわさ》話を昔から信じていませんでした。なぜならば、噂話をする方々のフィルターが幾重《いくえ》にも重なって変換されていると思えるからです。

週刊誌の取材を受けた際、その記事には「こんなこと言っていないのに」と思うことが書かれていました。

このように、誰かがキャッチした内容はその人のフィルターを通るので、どんどん変化していくのだと思います。

そして、受け止め方で変わってくるといえば、チャネラーさんの受け止め方次第でそのチャネリングのメッセージの内容は変化するということです。

光の存在は、他人に恐怖を与えたり、不安にさせるメッセージを伝えることはほぼありません。急《せ》き立てたり、あなたの心をひやりとさせるようなこともありません。そのような内容の時は、要注意です。それと共に、あなたはヒーローよ、ヒロインよ、特別な存在なのよ、と伝えてくる存在も光の存在とは違います。あなたは特別よ、私の言う通りにすれば、あなたはもっと特別な存在になるのよ、と言って、その人を支配・コントロールしようするのです。

光の存在は、愛に溢れ、みんなを公平に扱います。そして、みんなに能力があることも知っています。

しかし、宇宙には、役割の違いは存在するので違いはあるのです。

チャネラーさんの波動がエゴに溢れていれば、そのような存在と共鳴してしまいます。

みなさんは、他の人から言われたことを鵜呑《うの》みにするのではなく、いったん自分のハートに尋ねてみるようにしましょう。そして、なんだかしっくりこない、と感じることは真実とは違っていると思ってください。ご自分をいつも主におくというアシュタールのアドバイスを実行されると迷いが少なくなると思います。

以前、私に「(チャネリングする)相手がどんな存在なのかは関係ないと思います」とメッセージをくださった方がいますが、相手が光の存在なのか、そうでないのかでは、雲泥《うんでい》の差があるのです。

光の存在ではない存在とコミュニケーションをとっている人の周囲の人々が困惑し、被害に遭《あ》っているのをよくお見かけします。

他の人の言うことに振り回されない自分になるには「誰々がこう言っています」というような言葉を鵜呑みにしないこと。常に自分のハートで感じることを実行すれば、他の人のアドバイスに振り回されることはなくなるでしょう。

すべてにおいて、いろいろな場面にお役に立てていただけたらと思います。

このことについて、アシュタールに尋ねたことがあるのでご紹介します。

Q　アセンションが起こったら、アシュタール船団がやってきて地球を救ってくれる……ということをおっしゃっている方がいるようですが、そのようになるのですか?

アシュタール　そのように私が言った、という説のことですね。

私がそのようなことを言った事実はありません。

このひふみ神示の中でも創造主がおっしゃっているように、受け取る側のスクリーンが歪《ゆが》んでいて、真実とは少し違ってキャッチされたのでしょう。

私の役割は、この地球上に降り立ったスターシードのみなさんに点火をして意識の上昇を促《うなが》し、ご自分の役割をご自分で感じ取っていただくこと、そして、地上のみなさんが自分は何者なのかと考え、ご自分の無限の可能性やご自分の人生を創造していくことのできる永遠不滅の光の存在であることを思い出していただくことなのです。

そうすることで、みなさんの波動が急激に上昇して、地球全体の波動が上昇するのです。ですから、まずは、スターシードの方々が光り輝く人生を歩み、ご自分の生き様をみせていくことで、闇夜を照らす灯台の役割を果たしていくのだとご理解いただきたいのです。

Q　アシュタールの公認チャネラーはどうして地球上で26名しか存在しないのですか？　他の光の存在ではそんなことを聞いたことがないのですが、そう決めている理由を教えてください。

アシュタール　私は、宇宙の司令官です。司令を間違った形で受け取ってしまう人が存在すると宇宙が混乱します。そのため、私からの真のメッセージを受け取ってもらう司令塔が必要なのです。

私と遠い過去に約束をした魂の存在がほぼパーフェクトに私からのメッセージ、つまり司令をキャッチしています。その存在以外が受け取っているメッセージ内容は、混線している可能性が大きいのです。

［極め之巻　第十九帖］

天人天使の行為が、人民に写るのであるなれど、人民の自由、能力の範囲における行為はまた逆に、天界に反映するのであるぞ、日本と唐（中国）と土地が違うように、日本人と唐人とは違う、天界の写り方も違うのであるぞ。同じ日本人でも時と所によって違う。肌の細かい絹と、荒壁にうつる映画は、同じでも少しずつ違うようなもの、違ってうつるのがマコトであるぞ、同じ数でも１２３と一二三は違うのであるぞ、わかりて下されよ。新しき世界に進むこと大切ことぢゃ。

〈宇宙訳〉

エネルギー界の光の存在のエネルギーをあなた方がキャッチして理解しても、キャッチする人のステージや能力によって受け止め方が変わるのです。

現在、あなた方の物質世界においても同様のことが起こっていると思います。同じ講師から、同じ内容の授業に参加しても、それを聞いている側のステージや能力により受け取った内容が変わってくることは日常的に感じていると思います。

あなた方の思想や能力によって受け止められた内容は、あなた方お一人おひとりの行動として現れるでしょう。そして受け止めた内容により、あなた方の感情が動き、その感情はあなた方から発する波動となるのです。

その波動は宇宙にまで届き、宇宙はその波動にともなった未来に向かって準備を開始するのです。

日本と中国との土地つまり自然環境が違っているように、日本人と中国人とは思想も文化も違うのです。違っていて当たり前ともいえるでしょう。同じ物事を目の当たりにしても、日本人と中国人とは感じ方、受け取り方も違っていて当たり前なのです。同じように、同じエネルギー界、光の存在を感じても、その受け取り方は違っています。

それは日本人同士の中でも起こるのです。同じ日本人でも生きている時代や場所、そしてタイミングによっても違います。

映し出される映像が生地の目の細かいスクリーンに映るのと、粗いごつごつした岩のような壁に映るのとでは、同じものを発信していても映し出されるものが違っているのは想像できるでしょう。そして、違っていて当たり前だということです。

幼少時代に同じような体験をしても、受け取る側によりその体験のなす意味が変わってきます。

つまり、それを活かすも活かさないも、受け取る本人にかかっているのです。

自分の外に責任転嫁をして生きる人と、責任はすべて自分の中に存在するのだと理解して生きる人とでは、その人たちの人生は１８０度違ってくるでしょう。

父母の恩を忘れ、自分がネガティブなのは父母の責任だと、まるで悲劇のヒロインのように演じて生きる人生もあるでしょう。かたや同じ体験をしても、だから今の自分があったと報恩《ほうおん》感謝の人生を歩むのも自由なのです。ただ真実は、今起こっている現象はすべてあなたの内に原因があるということです。

また、同様に同じ数字でも１２３と、一二三では意味が違うのです。

１２３は西洋からくる文化を継承しており、一二三は、和の文化、大和魂を指しているのです。

社会を変えたいのであれば、まず自分自身の内側を変えることが重要なのです。

自分のハートに
向いなさい
これは何度も
言われた　言葉

うれしい
ワクワクする
ほんわかする
あったかい
幸せを感じる…

それを選ぶ
それが　正解

Chapter 2

私たちから発信される波動が未来を創っている

魂を光り輝かせると、肉体は神が宿る宮になる

私たちの肉体は一時的な借りもので一番の大親友であることを、最近、特に感じます。

子宮が私に「女性である自分を認めて愛すること」を教えてくれました。そのことを認めて改善していくうちに子宮筋腫の症状も改善していきました。

最近、私はコンタクトレンズを入れるようになったのですが、はじめコンタクトレンズを入れると目の前が曇って逆に見えづらくなりました。私は自分の目に尋ねました。

「どうしてコンタクトレンズを入れると曇って見えなくなるの？　サイズが合ってないの？」

すると目は私に言いました。「どうして、こんなモノをわたしにかぶせるの？　嫌なのよ」

「わ～。答えてくれてありがとう。眼鏡をかけると鼻や耳の後ろが痛くなって辛いの。申し訳ないけど、コンタクトレンズさんと仲良くしてくれない？　ごめんね」と私が答えると、目は言いました。「わかった。努力してみるよ」。それから数日で目は努力してくれて、コンタクトレンズと仲良くしてくれるようになりました。時々、朝コンタクトレンズを入れる時に嫌だと拒否することがあるので、その場合はやめるようにして、持ちつ持たれつで協力し合っています。

その他にも、虫歯になっていることを私の口角が教えてくれたことがあります。足の親指もいろいろ教えてくれます。肉体と対話をはじめると、そのうちスムーズにコミュニケーションがとれるようになります。みなさんも試してみてください。

最近気づいたのですが、「スピリチュアル」という言葉の意味が取り違えられて伝わっている気がします。

私は、医療のターミナルケアのマニュアルで使用されている「スピリチュアルケア」の項目こそが本来の「スピリチュアル」だと思います。

しかし、現在は、「スピリチュアル」＝「サイキックな能力を持っていること」だと勘違いされているのではないでしょうか?

これも伝える側というよりは、聞き取る側の課題だと思います。

WHOで言われているスピリチュアルの定義を調べてみました。

「スピリチュアル」とは、人間として生きることに関連した経験的一側面であり、身体感覚的な現象を超越して得た体験を表す言葉である。多くの人々にとって、「生きていること」が持つスピリチュアルな側面には宗教的な因子が含まれているが、「スピリチュアル」は「宗教的」とは同じ意味ではない。スピリチュアルな因子は、身体的、心理的、社会的因子を包含《ほうがん》した、人間の「生」の全体像を構成する一因子とみることができ、生きている意味や目的についての関心や懸念《けねん》と関わっている場合が多い。（WHO「ガンの緩和ケアに関する専門委員会報告」1983年）

ひふみ神示は、肉体と魂の深いつながりを伝えてくれています。光り輝くあなたに戻るためには、まず、あなたの肉体に感謝することからはじめましょう。「いつもありがとう」と、言葉をかけることから、はじめましょう。

あなたの肉体は、きっと喜んで応《こた》えてくれるでしょう。

［風の巻　第一帖（三五二）］

○―《おう》の世、⊙―《おう》の世にせなならんのざぞ、今は―○の世ざぞ、―○の世、○―の世となりて、○―の世に、ヽ入れて⊙―の世となるのざぞ。タマなくなっていると申してあろうがな、タマの中に仮の奥山遷《うつ》せよ、急がいでもよいぞ、臣民の肉体、⊙の宮となる時ざぞ、当分宮なくてもよいぞ。

〈宇宙訳〉

これからの時代は、女神が主体となっていく必要があるのです。女性性の中に、光り輝く宝石のような光が必要であるということです。

女神と女性性の違いは、光の違いです。女神として輝くためには、権威を表現できる存在であることが重要なポイントとなるのです。

権威は自立して輝く魂の持ち主によってもたらされます。自分らしく、自由に自信を持って輝くのです。現在は男性社会となっています。闘い争うエネルギーに満ち、競争し、勝ち負けで決定していく社会で成り立っているのです。しかし、このようなエネルギーでは崩壊の道しかありません。そこには、何の豊かさも幸せも存在しないでしょう。

和をもってお互いに接する精神が必要です。そのためには、あなたの中での闘いにも終止符を打つことです。あなたの中に存在する闘いのエネルギーを愛のエネルギーに変換することです。あなた自身と闘うことも、もうやめましょう。

私（創造主）は、何かあなたの外の物質のことを伝えているのではありません。あなた方はすぐに物質やあなたの外での出来事と結びつけたがる傾向があります。私は一貫して、あなた方にわかりやすいように比喩を使って伝えているのです。

タマがなくなっているというのは、あなた方の内面に備わっているはずの光り輝く光そのものがなくなっているということです。

あなた方は光の存在であるにもかかわらず、自分を卑下《ひげ》して自分を低く見積もりたがります。思う存分輝く自分にフォーカスすることです。あなたの光の中に魂を入れるのです。

あなた方は、宇宙に魂エネルギーとして誕生した時、ほぼパーフェクトな状態で誕生しています。そのほぼパーフェクトなあなたは、今なお同時に宇宙に存在しているのです。あなたは一時的に肉体を借りて、ほぼパーフェクトなあなたの魂エネルギーの一部が抜け出てその肉体に入っているのが、今地球に存在するあなたなのです。

抜け出た一部の魂、つまり今あなたの肉体の中に存在している魂を、あなたの光で輝かせるのです。

あなたのペースでやってみましょう。そうすれば、あなた方の肉体が神が宿る器、つまり宮となるのです。焦らず、あなたのペースで実践しましょう。

ネガティブエネルギーを素晴らしいエネルギーに変換する

Q　食事のことですが、「肉は霊性が落ちるからダメ！　チョコレートは、ダメ！　アルコールはダメ！　高次元の存在のメッセージをキャッチできなくなるからダメ！」とよく耳にするけれど、本当はどうなの？

アシュタール　何を食べても大丈夫です。ただ、その食事があなたの目の前に来るまでにたくさんの人々のお世話になってきていること、そして太陽や地球のエネルギーに感謝をして、愛のエネルギーでいただくのです。農薬がついているからと、恐怖や不安を感じながらいただくと、ネガティブエネルギーを体の中に入れてしまいます。しかし、感謝をしていただくという愛のエネルギーは、あなた方が予想もしないパワフルなエネルギーで、あなた方の肉体に入った時に素晴らしいエネルギーへと変換されるのです。

Q　放射能汚染も騒がれているけれど、食糧は心配ないの？

アシュタール　宇宙が必要だと思っているから起こっているのです。
適度な放射能は、今後あなた方の肉体を進化させる（甦《よみがえ》らせる）ために必要なのです。
重要なのは、適度な放射能ということです。限度を超えるものではありません。
それよりも、恐怖や不安のエネルギーを持つことを改めたほうがいいのです。

アシュタールからこのようなメッセージをキャッチしました。

どうも植物は高次の意識体となっていて、とても神聖なエネルギーを発信しており、私たちに「どうぞ、あなた方のお役に立つのならば、命を捧げます」と差し出してくれているのだそうです。

魚や動物は物質世界の意識が強くなっている意識体で、より人間に近い存在なのです。

私たちの意識が宇宙意識へと近づいていくと、魚や動物とは、友人のような感覚となっていくのだそうです。

ですから、宇宙意識へと覚醒していっている人々は、「友人は食べられない！」という感覚になっていくようです。植物は、高次の意識がある神聖なものであるため、その神聖なエネルギーを取り入れている感覚なのだそうです。

そのことを受け取る側が理解しておらず、「肉や魚は食べたらダメ」という表現になってしまっているように感じました。

これからの世界は、あれがダメ、これがダメ、という意識の延長線上には存在しないのだと思います。

自由に自分で感じたことを信じて進んでいく先に、新しい光の世界が存在しているのでしょう。

そして、エゴや不必要なプライドで、食べたいものを我慢して、さも自分は覚醒者なのだと言わんばかりにベジタリアンを目指すのも、本末転倒だと思います。

考えてもみてください。宇宙は波動で動いていて、私たちから発信する波動が未来を創っているのですから、誰に見栄《みえ》を張る必要があるのでしょうか。これこそ、自分が願う人生を実現していく生き方からはほど遠い生き方だと思います。等身大、そのままの自分を受け入れて、進んでいきましょう。

そのままのあなたを愛する波動が、未来を輝かせるのだと思います。

そして、物質的な食べ物だけのことではなく、そこにはエネルギー、つまり波動が深く関係していることもひふみ神示は伝えてくれています。

［風の巻　第十一帖（三六二）］

日本の国に食べ物無くなってしまうぞ。世界中に食べ物無くなってしまうぞ。何も人民の心からぞ。食べ物無くなっても食べ物あるぞ、◉の臣民人民、心配ないぞ、共食いならんのざぞ。心得よ。二月十六日、ひつ九のか三。

〈宇宙訳〉

今のあなた方の思想、考え方やものの見方を変えなければ、あなた方があなた方の視点でいう「安心して食べられる食べ物」はなくなってしまうでしょう。そのような視点で感じていると世界中から食べ物がなくなってしまいます。

あなた方の視点を変え、思想、考え方、捉え方を変える必要があります。農薬がダメだとか、放射能に怯《おび》えて、過度に不安や恐怖をまき散らす、その思想を考え直すことです。

あなた方の世界で起こっていることは、それを宇宙が認めている証明ともいえるでしょう。

食べ物があなたのもとに来るまでに、どれだけの多くの人々の愛や労力、そして自然の愛を受けていることでしょう。考えてみましょう。この大地、地球のエネルギーを吸収し、雨や宇宙からの光のエネルギーを受け、育った植物が人の手を介して、あなたのもとにやってきているのです。その宇宙の恵みに感謝をし、あなたの愛をのせて、いただくのです。その食べ物は、あなたの身体に入った時、あなた方が想像する以上に素晴らしい愛のエネルギーとして、変容変化を遂げるのです。

感謝や愛のエネルギーは途方《とほう》もなく素晴らしい変化をもたらすのです。

［五葉之巻　第十三帖］

悪を食うて暮らさなならん時近づいたぞ、悪に食われんように、悪を噛んで、よく消化し、浄化して下されよ、悪は善の仮面を被《かぶ》っていること多いぞ、だが悪も大神の中に生まれたものであることを知らねばならん。騙したいものにはひとまず騙されてやれよ、騙されまいとするから騙されるのであるぞ。生命の樹の実は美しくおいしいぞ、食べてはならんが食べねばならんぞ、肉体欲が先に出るから生命を失う、心でとりて実を喜ばせて食べるとよいのであるぞ、食べないで食べる秘密。

〈宇宙訳〉

この地球では、ネガティブエネルギーが活発に動いています。あなた方は、ネガティブエネルギーが散乱している環境で暮らす時が来ています。ネガティブエネルギーに共鳴して、あなた自身がネガティブにならないように注意しましょう。

しかし、ネガティブエネルギーを悪いものとして、排除しようと思わないことです。あなたが排除しようとすればするほどネガティブエネルギーにフォーカスしてしまい、あなたの波動に影響が及びます。

あなたはネガティブエネルギーが来た時に排除しようとせず、そのまま置いておき、ポジティブなあなたを登場させればよいのです。ポジティブなあなたは、「あなたはどうなりたいのか？」という、あなたの願望を浮き彫りにさせます。

さもポジティブのように見せかけるネガティブなエネルギーに混乱することもあるでしょう。だまされる時もあるでしょう。しかし、ネガティブエネルギーも宇宙で生まれたものであり、宇宙が認めているから存在しているのです。だましたいと思っているモノに対して、恐れや不安を抱くのではなく、宇宙の采配《さいはい》に任せるというくらいの太っ腹な対応をするのです。そうすることでネガティブエネルギーは退散し、あなたに近寄ることができなくなるでしょう。恐れや不安を抱いているうちは、ネガティブエネルギーがやってくるでしょう。芯から強くなることで、災《わざわ》いもネガティブエネルギーもすべて退散していくのです。

光り輝く人々の生命エネルギーは、とても美しく魅力的に感じるでしょう。その美しく魅力的なエネルギーを、我がものにしたいと感じる人は少なくないと思います。まるでエナジーバンパイアのように盗み取るようなことは好ましい形ではありませんが、そのエネルギーをあなた自身に取り込む方法があります。まずはじめに注意することは、「吸収しようとする欲」があなたを滅ぼすということです。視点を変えましょう。あなたの魂で、その美しい生命エネルギーを感じ取り、あなたの魂に共鳴させていくのです。魂から発する生命エネルギーは肉体も喜び、あなたの美しい魅力的な生命エネルギーとなることでしょう。外部から受け取るのではなく、自家発電するのです。

［五葉之巻　第十四帖］

一升枡《しょうます》には一升入ると思っているなれど、一升入れるとこぼれるのであるぞ、腹一杯食べてはならん、死に行く道ぞ、二分をまず神に捧げよ。流行病は邪霊集団の仕業《しわざ》、今にわからん病《やまい》、世界中の病はげしくなるぞ。

〈宇宙訳〉

あなた方の肉体は、あなた方の脳で把握しているよりも少量の物しか必要ないのです。食べ物だけでなく、エネルギーや物質のすべてに通じて言えることなのです。

脳で感じる欲が勝《まさ》ると、あなた自身のパーソナリティが消失してしまいます。何か受け取る時には、お腹いっぱい受け取るのではなく、腹八分でやめておく、あとの二分は宇宙の采配に任せて他で役立てていただこうと思う心のあり方が大切です。

病気が流行する時は、ネガティブエネルギーが集結して集合して、ウイルスが発生します。あなた方が我先にとむしゃぶりつくエネルギーがそのようなものを発生させてしまいます。

宇宙の豊かさを信頼し、思い出すこと、減るものはなく、すべての人にいきわたり、豊かなのだという精神から発するエネルギーで生きることが大切です。

これから起こる魂エネルギーと肉体の変化とは

私は、ひふみ神示でいうミロクの世のことを夢物語のように感じていましたが、この帖で伝えられている内容を読むと、それはとても現実的であると感じました。

なぜならば、私の周りでもそのような変化が始まっているのを感じているからです。

私たちの肉眼では見えないエネルギーは、心の目で感じ取ることができるようになってくるのだと思います。現に私は2年ほど前まではサイキックな能力もなく、平凡な生活を送ってきましたが、2010年9月に実父が他界した時に、亡くなった実父とコミュニケーションを取ることができるようになり、それからも見えないエネルギーを信じざるを得ないようなことが、どんどん起こってきました。

そして、肉眼では見えていないけれど、そのような世界や存在があればいいなぁ、と感じた時に夢と希望が湧いてきたのです。そして、その方向にチャンネルを合わせていく意識を持つことで、私自身の能力も開いていったのです。

肉体の中に魂エネルギーが入っているのが現在の私たちの状態ですが、これから魂エネルギーの役割が大きくなっていくように思います。それに伴い、私たちは肉体と魂エネルギーを使いこなすことができるようになっていくのだと予感しています。

肉体や魂エネルギーは、これまで存在する学問では測りきれない動きで変化していくようです。

では、アシュタールに尋ねてみましょう。

Q　魂エネルギーは、どう変化するの？

アシュタール　そもそもあなた方に備わっていた「宇宙と共存していく意識」が、時代と共にだんだんと損なわれてきていました。

魂エネルギーと肉体の変化は、共に影響しあっています。

まず、あなた方の魂は、居心地の悪さを感じだすでしょう。それは、本来のあなたではないということを感じてくると起こります。

その違和感を持った頃から、肉体の変化も起こってきます。あなたの中のエネルギー体の質が変化してくるので、その調整をするために、松果体《しょうかたい》や脳下垂体が活性化をはじめます。頭が締め付けられるような圧迫感を持ったり、頭の中央部に痛みを感じたりするかもしれません。

細かい変化が段階的に進み、この地球の変化と共存できる肉体と魂へと向かっていくのです。

そのような肉体と魂だと、細胞が光をエネルギー源だと感知するようになり、外部からの食べ物による栄養を必要としなくなってきます。脊椎《せきつい》もクリスタル化していき、宇宙との交信がスムーズにできるようになり、宇宙にいた頃の記憶や情報を徐々にダウンロードしはじめます。それとともに髄液の変化もあり、免疫システムに変化が起き、自己でコントロールできるようになるでしょう。

水分の質も自己で変換することが可能となるため、今、地球上に存在している人体を脅《おびや》かすとされている物質にも何の反応もしない肉体となっていくのです。

Q　それは、いつ頃から起こるの？

アシュタール　もうすでに多くの人々にスイッチが入り、進化、つまり甦りははじまっています。

Q　それは、誰に起こるの？

アシュタール　進化、甦りを希望するすべての人々に起こります。しかし、それが開始する時期には個人差があります。

Q　起こる人と起こらない人がいるとしたら、起こらない人はどうなるの？

アシュタール　起こらない人の自由意思で決まります。ネガティブエネルギーだらけの地球で生き続けたければ、その世界、その地球に存在することができます。自由選択です。すでにその意思決定で住む世界は違ってきているのです。

たとえば、いくら隣の家に住んでいる人でも、違う世界の住民であるならば会わなくなってきます。あなたもご経験があるでしょう。それぞれの役割にフォーカスすることでエネルギーの違い、向いているベクトルの違いが発生するために起こってくる現象です。

Q　そのために何を準備すればいいの？

アシュタール　ただただピュアな魂でいることを心がけることです。

ピュアな魂とは、何のジャッジも制約、制限もない自由な澄んだ魂を指します。

その魂は、宇宙の創造主と共鳴しています。

宇宙に委《ゆだ》ねることで、あなたにとってベストな環境がいつでも約束されるのです。

［極め之巻　第十一帖］

陽《ひ》あたりのことと、陽かげのことと一時に出て来るのぢゃ、立て壊しと立て直しが一時にくるのぢゃ、神の申した通りになって居ろうがな、学で説くと学の鬼に囚われるぞ、智で説くと智の、理で解くと理の鬼に囚われる、このままに伝えて下されよ。天の世界も潰してはならん、地の世界も潰すわけには参らんが、地上の事は立て直し難しいなれど、見て御座れよ、一厘の火水《ひみつ》でデングリ返して、見事なことを御目《おめ》にかけるぞ。

〈宇宙訳〉

あなた方の地球でも感じておられるように、太陽の光が射すと陽なたと陽かげができると思います。あなた方の世界においても同様のことが言えるのです。

崩壊と再生は同時にやってくるのです。これが宇宙の道理なのです。道理とは、あなた方がいくらクリエイターだといっても変えることができない宇宙の法則のことを指します。今までのあなた方の社会で重要視してきた「学問」として説きはじめると、学問という机上でのとりこになってしまいかねないのです。知恵で説くと知恵のとりことなり、理論で説くと理論のとりこになってしまうのです。真実は浮き彫《ぼ》りになりません。

私（創造主）からのメッセージは、このまま伝えてください。何の解釈も入れずに、このまま伝えましょう。そして、あなたのハートで感じたままに受け止めてください。

あなた方が感じているエネルギーの世界、そして物質世界、双方とも潰《つぶ》すわけにはいかないのです。

しかし、あなた方の地球独自のルールは潰す必要があります。潰さなければ立て直し、つまり再生が困難となるでしょう。

これは決して天変地異が起こることの予言ではありません。

あなた方には秘密にしていましたが、少しのパワーで１８０度変わっていくでしょう。

このメッセージを受け取っているあなたが変えていくのです。

気のせいって
思ってない?
一生懸命の頭と
一生懸命の体と
「自分らしく
いよう」
とする心と

Chapter 3

あなたの思考はとんでもなくパワフル！

魔法使いになる方法

森羅万象を尊び共鳴することで本来のあなたが呼び覚まされる

この本でお伝えしているメッセージは頭では理解できると思います。自分一人で暮らしているのであればコントロールしやすいと思うのですが、この物質世界ではさまざまな課題が山積しています。たとえば、日本の各地にはさまざまな因習深い土地があると思います。私が生まれ育った地域もそれに近いものがありました。

小さい頃からご近所さんとは親戚に近い付き合いをしており、身内のように生活の中に存在していました。それぞれが自分以外のことに非常に興味をもっており、自分と違う意見は絶対に受け入れず、誹謗《ひぼう》中傷している人々が多くいました。「どこどこの何々さんの誰それがどうとかこうとか……」。そんなことに自分たちの人生を注いでいる人々が多い地域も、まだまだ存在しているのではないでしょうか。

そのような地域には、自然がたくさん残っていることが多いと思います。現在では高齢化が進み、田や畑を継ぐ若者が減少して、高齢者だけでは維持していけない現状をよく耳にします。しかし、最近の都会に住む若者の中には田や畑に興味を持つ人が増えて、農業を希望する人も多いのですが、外部から入ってくる人々を拒《こば》む風習や文化が根強く存在しているようです。双方がうまくマッチングできれば、お互いにとって大きな利益となるはずなのですが、現状は厳しいようです。

　そんな地域に入っていく外部の人間はどのようにすればよいのか、アシュタールに尋ねてみました。


アシュタール　その場所に住もうと決めた時点で、その場のエネルギーを変換していく役割があるということなのです。ご自分でそのようなシナリオを描いてきているのです。

それを踏まえたうえで、魂エネルギーはどんどん変化していくものだということを知らねばなりません。それも、一瞬で変化してしまうものなのです。

あなたも覚えがありませんか？

目からうろこが落ちて、見える世界が一瞬で変わった経験です。

そういった変化を起こしていくのです。

Q　私のお世話になった方が、その役割を担《にな》って率先してその地域に入っていこうと努力しているのですが、家も借りられない状況なのです。余所者《よそもの》は、入れたくないのだそうです。
だからといってその地域の方々が仲良くやっているのかというと、それぞれのまとまりを作り喧々諤々《けんけんがくがく》しているそうです。

アシュタール　彼らは恐れているのでしょう。

どこから来る何者かわからない者に、自分たちの安住の地を荒らされるかもしれない、と恐怖と不安を感じているのです。逆にその体質が自然を守ってきたのです。

まず、外から入る際にすることは、彼らの恐怖や不安はどこから来るのかを探ることです。

その原因がわかれば、その頑《かたく》なに閉ざしているハートを、愛で溶かしていけるでしょう。

3次元的に策を練《ね》るのではなく、宇宙の法則を使って、未来に波動調整するのです。

そうすれば、宇宙が動きだし、その方に宇宙からのメッセージが降りてくるでしょう。

一人二人と協力者が現れたり、「変化はチャンス！」と思える地域の人々を巻き込んでの変化がやってきて、チャンスが到来するかもしれません。

すべては、宇宙の法則、波動を未来に設定する方法がよいでしょう。

［五葉之巻　第一帖］

あの子を生んで、この子を産んで去ったのであるぞ。その中に一人だけ良くない子が出来た、その子には海の藻草や山の菜、野菜を食べさせてくれよ、だんだん良い子になるぞ。

〈宇宙訳〉

宇宙において、さまざまなエネルギー体が存在しています。

各々のエネルギー体は、エネルギー体のパーソナリティが存在して成長を続けています。

その中で、他のエネルギー体の成長を脅《おびや》かす存在もいるのです。地球に他のエネルギー体の成長を脅かすエネルギー体が存在しているのであれば、どうぞ、その存在に必要なものを与えてあげてください。

最も必要なものは、愛のエネルギーなのです。自然のエネルギーと共鳴し、まずゼロポイントに戻し、そこから少しずつエネルギーを変換していきましょう。

［五葉之巻　第三帖］

友つくれと申してあろうが、友と申しても人間ばかりでないぞ、山も友ぞ、川も友ぞ、動植物も友ぞ。一人の友を得たら一つの世界を得たことぞ、何もかも皆友ぢゃ、友は己《おのれ》ぢゃ、皆己《おのれ》となれば己《おのれ》なくなるぞ、己《おのれ》なくなれば永遠に生きられる、無限の己《おのれ》となるぞ。御神前で拝むもよいなれど、空を拝めよ、山も川も拝めよ、野菜拝めば野菜が、魚を拝めば魚が神となり、また己《おのれ》となるのぢゃ。足らぬことない細矛千足《くわしほこちたる》の浦安《うらやす》の自分となるのであるぞ。

〈宇宙訳〉

友を作るのです。友といっても人間ばかりではなく、山も友です。川も友です。動物も植物も友なのです。一人の友ができたのならば、一つの世界を共有したことと同じなのです。一つのパーソナリティ、つまり個のエネルギー体は小宇宙でもあり、その存在特有の世界を持っています。友が増えていくことは、あなた自身の世界が広がっていくことになるのです。

すべてを友にしていくと、あなたと友との境界線がなくなっていきます。あなたは友であり、友はあなた自身となるのです。それが実現すると我というものがなくなっていきます。我というものがなくなると、あなたというエネルギーは山にも川にも動物にも植物にも宿り、もちろん人間のエネルギーの中にも共有していくことになるのです。

つまり、あなたは永遠に生きられるということです。

無限のあなたが創造されるのです。神棚の前で拝むこともよいですが、空を拝むのです。山も川も拝むのです。野菜を拝めば野菜が、魚を拝めば魚が尊い神となるのです。

あなたは神という存在を何か特別のように感じていると思いますが、実は、あなたの身近な自然の中にも神が宿っているのです。そして、それはあなたにも言えることです。あなたの中に神が存在しているのです。

あなたは、自分は不足しており完全ではないと思い込んでいますが、森羅万象を尊び共鳴していくことで、本来の完全なあなたが呼び覚まされるのです。

思考のエネルギーで思うがままに物質化することができる

「量子物理学の世界では、ハイゼンベルグの不確定性原理などの研究によりエネルギーが発生すると質量が生まれることが示されています。つまり、目に見えないエネルギーが物質化するということです。最近話題になったヒッグス粒子の発見などは、巨大な量子加速器というもので大きなエネルギーを発生させて、狙った質量（ヒッグス粒子）を発生させるというものですから、まさにこれはエネルギーから物質化が起こるという証明でもあります」（『魔法の学校Ⓡ』テキストより）

私たちの思考のエネルギーを物質化できるということは、昔、キリストが行っていたように、手のひらからパンを出すことができるようになることを意味します。ひふみ神示のメッセージにも、私たちの思考を転換していけば、エネルギーを物質化していけると書かれています。

それはつまり、思いは実現するということです。

「火事場の馬鹿力」という表現にもあるように、ここぞという時には自分でも思いもよらないような力を発揮できます。今までの自分の人生で不可能と決めつけてきたストッパーを外していけばよいのです。

インドのゾウは、幼い時に頑丈《がんじょう》なチェーンで縛られて逃げられなかった記憶が諦めとなって、大人になっても、細いロープをちぎることができない、と思い込んでいます。私たちから見ると、大人のゾウは自分で望めばいつでも細いロープを切ることができ、自由になれるのです。

それと同じように、私たちも古い固定観念からなかなか抜け出せずにいます。高い次元から今の自分を見ている自分が存在しているなら、どうして自分自身に自信をなくし、能力を認めようとしないのか、不思議に思っているかもしれません。

できない、できない、と否定的な人々の言葉にフォーカスするのではなく、未来の輝かしいあなたにフォーカスすれば、きっと、どんどん前に進んでいくことでしょう。私もそれを目指して現在進行中です。共に実践していけたならば、とても素敵だと思います。

［五葉之巻　第十六帖］

マコトでもって洗濯すれば霊化される、半霊半物質の世界に移行するのであるから、半霊半物の肉体とならねばならん、今のやり方ではどうにもならなくなるぞ、今の世は灰にするより他に方法のない所が沢山あるぞ、灰になる肉体であってはならん、原爆も水爆もビクともしない肉体となれるのであるぞ、今の物質でつくった何ものにも影響されない新しき生命が生まれつつあるのぞ。岩戸開きとはこのことであるぞ、少しくらいは人民つらいであろうなれど、勇んでやりて下されよ、大弥栄の仕組。

〈宇宙訳〉

現在あちこちで起こっている現象を真実の眼でとらえ、あなた自身の魂の流れを滞《とどこお》らせている不必要なエネルギーを手放して、ピュアな魂になれば、あなたの魂というエネルギー体は光り輝きだすでしょう。

今後、この地球は半分がエネルギー体、半分が物質の世界へと並行していくのですから、あなた方の肉体もその世界で通じるように変化していく必要があります。

あなた方の魂というエネルギー体の役割をもっと強化していくのです。あなた方の思考でこのエネルギー体がコントロールでき、エネルギーは物質化できることを習得するのです。

これには自分が何者かを知り、自分自身を信じる以外にありません。エネルギーを物質化できるとは、つまりあなた方は自分の手のひらを上に向け、思考のエネルギーを発することで手のひらにパンを出すことができるということです。

現在の社会において、そのようなことを言ったり信じたりする人は何かおかしいと思われるでしょうが、おかしいと思うその思考自体、真実を歪めている思考なのです。その思考が存在する限り、思考エネルギーを物質化するのが困難なのです。

現在の思考を180度転換させる必要があります。その思考をいったん消滅させるのです。しかし、消滅させるのが肉体であってはいけないのです。

先ほど私（創造主）が申し上げた通り、あなた方が自分の魂のエネルギー体を使いこなすことができれば、今問題となっている原爆にも水爆にもビクともしない肉体となるのです。

今の世界に存在するあらゆる物質で作った何物にも影響されない、新しい生命体となっていけるのです。

今あなた方は、放射能を恐がり、怒りのエネルギーを発信していますが、放射能も必要であるから存在しているのです。宇宙があなた方の肉体や魂エネルギーの進化を計画して起こしていることなのです。

少量の放射線で免疫をつけ、クリスタルボディになるための準備が必要なのです。

今は放射線の免疫をつけておかないといけない時なのです。今後の新しい世界に向けて肉体を構築しておく時なのです。今までの思考、知識では対応できないでしょう。

岩戸開きとは、これが目的の一つでもあるのです。あなた方も少しはつらい思いを感じるでしょうが、勇気をもって取り組むのです。そこに光り輝く未来が待っているのです。

前代未聞の岩戸開きが起こる／鳴門海峡の渦は願望を叶えるボルテックス

今度の岩戸開きは、前代未聞のことが起こるようです。

私たちがあまりにも地球のシステムに慣れ親しんでいるので、ちょっとやそっとでは次に起こる内容が感覚的にわからないのだと思います。

そして、あまりにも違いすぎて信じない人も多いのだと思います。

私も現在の男性社会で生きてきた戦士の一人です。

闘っていた頃の私に、このひふみ神示の内容を伝えられても、きっと鼻で笑って、受け入れなかったと思います。その感覚はとても理解できるのです。

でも、そういう方々にお尋ねしたいのですが、今あなたがいる環境で将来は明るいのでしょうか？　未来をどう創っていかれるおつもりなのでしょうか？

私たちは、この地球に生まれた時に、今回果たそうと誓った約束があるのだと思います。

それは天職・天命と呼ばれるもので、それがわかって生きている人々は、とてもイキイキとして幸せだと思います。そのような天職・天命に生きたいと思っているあなたは、思考の転換にトライしていきましょう。

それを知るためには、「自分は何者であったのか?」「何者であるのか?」そして、「何者であり続けるのか?」を思い出す必要があるのです。

誰かあなた以外の人に聞いて知るのではなく、自分で思い出すことが重要なのです。

アシュタールはいつも言います。「あなた自身をいつも主におくのです。他の誰にも主を譲ってはいけないのです」。あなた以外の人の意見を鵜呑みにすることは、主をその人に譲ったことになるのです。他の人の言うことは、いったんあなたのハートに尋ねてみましょう。

立て直しと言ってもまずは、私たち自身が自立・自律していくことが重要なのだと思うのです。

そして、新しい自分、もしかすると本来の自分の感覚を取り戻すことに挑戦していくことが求められているのかもしれません。そう考えると私は、とてもわくわくするのです。

［至恩之巻　第十三帖］

死ぬか生きるかは人民ばかりでないぞ、神々様も森羅万象《しんらばんしょう》の悉《ことごと》くが同様であるぞ、しばらくの生みの苦しみ。八の世界から十の世界になるのであるから、今までの八方的な考え方、八方的な想念や肉体では生きては行かれんのであるぞ、十方的想念と肉体でなくてはならんぞ。

〈宇宙訳〉

消滅するか生き続けるかは何もあなた方の肉体の話だけではないのです。光の存在たちも森羅万象のことごとくすべてにおいて同じように起こっているのです。

新しい地球が誕生するまでの生みの苦しみなのです。たてよこ高さの3次元世界から、空間の広がりが重なり増し、宇宙を感じるようになり、同じく地球を感じるようになる世界へと移行するのですから、今までの八方的、つまり平面的な思考や肉体では、生きていけないのです。宇宙や地球を時空次元を超えて感じることができる十方的な、つまり立体的な思想や肉体が必要なのです。

［至恩之巻　第十四帖］

八方的地上から十方的地上となるのであるから、すべての位置が転ずるのであるから、物質も念もすべてが変わるのであるぞ。これが元の元の元の大神の御神策ぞ、今までは時が来なかったから知らすことが出来んことでありたなれど、いよいよが来たので皆に知らすのであるぞ。百年も前からそら洗濯ぢゃ、掃除ぢゃと申してありたが、今日の為であるぞ、岩戸開きの為であるぞ。

今までの岩戸開きと同様でない、末代に一度の大岩戸開きぢゃ。

〈宇宙訳〉

たてよこ高さ、ななめも入れて八方的、平面的な地上から、宇宙と地球を感じる、つまり時空次元を超える立体的な地上へと変化するのですから、あなた方が感じているすべての存在する位置は変わるのです。今ある物質の位置も変わりますし、物質やあなた方のエネルギー体の深い部分での思いが変化するでしょう。

これは、ある一定のエネルギーが高まった時に一斉に変化が起こるでしょう。

つまり、このことを魂レベルで理解し、自己調整しはじめる人々がある一定の人数に達した時に一気に起こります。この集団的無意識のエネルギーは、凄まじいものがあります。

これは宇宙の神聖なる計画であり、摂理なのです。今まではそのタイミングではなかったので知らせていませんでしたが、いよいよ、あなた方の準備が整ったのです。１００年前から命の洗濯をしなさい、禊《みそぎ》をしなさいと伝えていましたが、この時のためなのです。

あなた方の肉体と魂の岩戸開きのために必要であったのです。

今までの岩戸開きとは、意味合いも目的も違う、まさにたった一度の大岩戸開きなのです。

［至恩之巻　第十五帖］

神の申すことは一部一厘違わんのであるぞ、今度言うことを聞かねば大変な気の毒となるぞ、地の下になってしまうのであるぞ、一二三四五六七八の世界が一二三四五六七八九十の世となりて、〇一二三四五六七八九十の世となるのぢゃ、〇一二三四五六七八九十がマコトと申してあろうがな。裏表で二十二ぢゃ、二二の五ぢゃ、二二《ふじ》は晴れたり日本晴れぞ、わかりたか。

〈宇宙訳〉

真の光の存在たちからのメッセージは、少しも真実と相違はないのです。

この度、私（創造主）が伝える内容を実践しないとあなた方の中で矛盾が生じてくるでしょう。

それはとてもつらいことになると思います。この世界の仕組みが大きく変化していくため、準備・実践していかないと、何が起こってしまったのか訳がわからなくなり、混乱してしまうでしょう。まるで、何も知らない世界にポツンと一人で連れてこられ、言葉も通じず記憶もないような状況というと、理解しやすいかもしれません。私（創造主）は脅《おど》かしているのではなく、恐怖を与えるのを目的としているのでもありません。ただ、これが真実なのです。

今は八方的世界つまり一二三四五六七八、東西南北に各ななめ方向が入った世界であるのが十方的世界、つまり一二三四五六七八九十、八方的世界に宇宙の広がりと地球の中心への広がりが加わった世界なのです。

そして次に〇が加わり、〇一二三四五六七八九十となります。〇は中央地点を意味しています。〇が加わった〇一二三四五六七八九十が真実の世界の基本形として表すことができます。

その基本形から、宇宙への広がり、つまり時空次元を超える空間を表現に加えると、もう一つの〇一二三四五六七八九十が必要となります。これが宇宙空間を表現しやすい状態なのです。この数字の個数は全部で二十二個となります。地上と天の間は光の存在たちで埋め尽くされる、という表現になるのです。二二は、地上と天、つまり宇宙へと繋がる入り口なのです。その入り口のエネルギーを感じることで、あなた自身の肉体と魂エネルギーも十方的立体的世界を感じることでしょう。

[至恩之巻　第十六帖]
太陽は十の星を従えるぞ、原子も同様であるぞ。物質が変わるのであるぞ、人民の学問や智ではわからんことであるから早う改心第一ぞ。二二と申すのは天照大神殿の十種《とくさ》の神宝《かむだから》に、を入れることであるぞ、これが一厘の仕組。二二となるであろう、これが富士の仕組、七から八から鳴り鳴りて十となる仕組、成り成りあまるナルトの仕組。富士と鳴門の仕組いよいよぞ、これがわかりたならば、どんな人民も腰をぬかすぞ。一方的に一神でモノを生むこと出来るのであるが、

それでは終わりは全うできん、九分九厘で厘止まりぞ、神道も仏教もキリスト教もそうであろうがな、卍《ぶつ》も十《キリスト》もすっかり助けると申してあろうがな、助かるには助かるだけの用意が必要ぞ。用意はよいか。このこと大切ごと、気つけおくぞ。成り成りて十と開き、二十二となるぞ、富士晴れるぞ、大真理世に出るぞ、新しき太陽が生まれるのであるぞ。

〈宇宙訳〉

銀河系の太陽は十の星と共鳴・強調しあって動くのです。十の星とは、私（創造主）と最も共鳴している星なのです。あなた方の世界に存在している物理の世界での有名な原子も同様です。現在では原子核の周りを電子が回っていると位置づけられていますが、そこから変化が生じてくるのです。物質世界が変わり、物質そのものの位置が変わると、物質そのものの構成も変化していくということなのです。

あなた方の今使用している学問や知識では理解できないことが起こるので、頭で考えてわかろうとせず、心、つまり魂で受け止めて、今までの自分の考え方やあり方などを改めることが肝心なのです。

これから移行する世界を表現している二二というのは、天照の所持している十種の神宝にテンを入れること、つまり太陽の恩恵をこうむるさまざまなものにあなた方の魂を入れていくということです。魂を入れるとは、そのものに報恩感謝をし、愛のエネルギーを注いでいくことです。それは、あなた方の心の中、意識の中で行っていけばよいのです。これが森羅万象におけるすべての仕組みの根本となる思想なのです。

そこには時空次元を超えたエネルギーが生じ、二つとない仕組みになるのです。

七方的思想から八方的に進化を遂げ、たてよこだけでなく、ななめにも考えられる柔軟な思想となったのですが、大変換の時を迎え、宇宙や地球と繋がり時空次元を超えた世界の仕組みとなるのです。それは、日本にある鳴門海峡の仕組みを見れば、見事に表現されているのです。

富士と鳴門の仕組みをいよいよ開始するときが来たのです。

これには、宇宙の法則が表されているのです。富士とは、またとない神聖なエネルギーを伝えています。鳴門の渦は、宇宙に存在する、あなた方の願望を叶えるボルテックスを表しているのです。

そのボルテックスに神聖なエネルギーを共鳴させて、あなた方の未来を創造する願望の波動を発信させます。それを願望のボルテックスがキャッチして、宇宙がそれを実現するように動き出すのです。

そして、あなたに宇宙からのメッセージがもたらされるという流れなのです。

鳴門海峡の渦の中に入ってしまうと船のオールを持って一生懸命渦の流れに逆らって漕いでしま

うのですが、そうではなく、オールを手放して、その渦の流れに沿ってスイスイといとも簡単に流されていくのが、宇宙の流れに則《のっと》るという意味なのです。

これがわかって実践すると、魂レベルから宇宙に委ねていくことができるでしょう。

どんな人々でも、これを実践することで、いとも簡単に自分が望む人生へと繋がっていくのです。

一方的に、あなた一人でも、さまざまな現実を実現できるのですが、実は、その方法を選択してしまうと光の世界へは辿《たど》り着けないようになっているのです。

九分九厘まで行けても、あと一歩で立ち止まってしまうのです。

あなたの中で宗教として拡がっている、神道・仏教・キリスト教もそうなのです。仏もキリストもすべての者たちを助けると言っています。

しかし、助かるには助かるだけの用意が必要なのです。

あなたは、すでに用意ができているでしょうか。

これは、とても重要なことなのです。重ねてお伝えいたします。

あなたの中の不必要なものをどんどん手放して、その時が来ていることを自覚して、宇宙の意識と神聖さを開いていくのです。

そうすることにより、新しい光の世界へと進んでいけるのです。

つまり、宇宙と共鳴していけるのです。

そうして日本は光り輝き、真実の光の世となっていくのです。日本からスタートして、世界へ広げていくのです。やがて、地球自体が光り輝き、まるで新しい太陽が生まれたかのようになるでしょう。

岩戸開きの真相と真実を解き明かすカギ

今度の岩戸開きは、きっと「アセンション」と呼ばれるものなのではないでしょうか。次元上昇は、ある日突然、何かが降ってくるとか何かが急になくなるとか、宇宙船が来て救ってくれる、といった夢物語ではなく、私たちの生活の中で起こっていくのだと感じています。そして、個人個人に起こってくるものであり、個人によって違いが生じるのだと思います。

個人個人のタイミングに合わせて宇宙意識の目醒めも起こってくるのでしょう。アシュタールによると、宇宙意識の目醒めとは、「あなた方が宇宙意識に甦るということなのです」。

私は、ある時アシュタールのサポートのもと、時空を超えて自分の過去世に行ったことがあります。その体験を信じるか信じないかが大切だと思うのです。その体験を無邪気に喜んで、楽しんで受け入れて、もっともっと実践していく中で、宇宙の意識も覚醒してくるのだと思います。

常に頭も感性も柔軟にしていくこと、つまり、今までの固定観念や知識をどんどん手放していくことがキーポイントのように感じます。

「でも」「しかし」「だって」と否定して、できない理由を探せば山のようにあるでしょう。できない理由を探したら、あなたの人生が光り出すのでしょうか。

個人個人の宇宙意識の覚醒こそが、今度の岩戸開きを指しているように思えてなりません。

［風の巻　第四帖（三五五）］

岩戸開《あ》けたり野も山も、草のかき葉も言止《ことや》めて、大御光《おおみひかり》により集う、楽しき御代《みよ》ぞあけにけり、都《みやこ》も鄙《ひな》もおしなべて、枯れし草木に花咲きぬ、今日まで咲きし草や木は、一時《いちじ》にどっと枯れはてて、土《つち》に還《かえ》るよすがしさよ、ただ御光の輝きて、イキの生命《いのち》の尊さよ、やがては人の国土《くにつち》に、うつらん時の楽しさよ、岩戸開けたり御光の、富士に木の花どっと咲く、御代近づきぬ御民等《みたみら》よ、最後の苦労勇ましく、打ち越しくれよ共々に、手引き合いて進めかし、光の道を進めかし。天明、懇《ねんご》ろに神示とけよ。歌の集団《まどい》作れよ。めでたき夜明けぞ。旧一月一日、一二⦿。

〈宇宙訳〉

もうすでに岩戸が開いているので、野山も草も柿の葉もざわめきをやめて、大きな美しい光の下に集まっているのです。

楽しいばかりの時代がやってきているのです。都会も田舎も関係なく、今まで枯れていた草木に花が咲くように、あなた方の人生にも楽しい生活がやってきているのです。今までの苦行の時代は終わったのです。これからは楽しむことがあなた方の修行ともいえるでしょう。しかし、今までの地球独自のルールで咲いていた草木は一時にどっと枯れていくでしょう。これは、物質世界でいう地球のルールがあってこそ存在し得たものたちすべてを指しています。闘争心で勝ち得たすべてのものです。今、有名で尊敬されている人々も一新するのです。新しい真の人々が出てくる時期なのです。そして、今まで活躍していた人々は、土にかえり、ただただ神聖な光の輝きのみで生き続ける生命の尊さを感じることでしょう。

その生命も、やがては人々の眼に映るように見事に芽を出して成長していくことでしょう。

そのように、今まで活躍していた物質世界でのすべてのものは消滅せざるを得なくなり、宇宙の視点で見る真実の方向へ大きくエネルギーが変換し、自然界から変化を遂げていくのです。

それを受けてあなた方の物質世界においても神聖な光に照らされて、必要なものが残っていき、不必要なものは転換していくのです。

不必要なものは、やがて神聖な光に見守られて生まれてくるのです。その時は神聖なエネルギーとして世に出てくることでしょう。その時を楽しみに待ちましょう。

岩戸が開き、あなた方の肉体が変化を遂げ、心身ともに光り輝いた時、それを知らせるがごとく富士山に二つとない美しい花が咲くでしょう。

それは見事なエネルギーで、木ノ花咲耶姫《このはなさくやひめ》のエネルギーなのです。地球そのものの光り輝くエネルギーが溢れだしてくるでしょう。その素晴らしい時代が近づいてきています。

地球のみなさま、最後の最後のネガティブエネルギーを乗り越えましょう。勇敢に乗り越えた後のあなた方の生活を五感を通じてイメージをして、そうなっているとしっているあなた自身と出逢いましょう。

あなたは周囲の人々と手を繋ぎ、光の道を進んでいっているのです。お祝いの歌を歌いながら歩んでいる姿をリアルにイメージするのです。祝福の夜明けが来ているのです。

［至恩之巻　第一帖］
　岩戸開きと申してあるが、天は天の、地は地の、人民は人民の、動植物は動植物の、それぞれの岩戸を開くのであるから、その立場立場によって違うところがあるぞ、それを自分の物差しで計って、岩戸開きとはこんなものぞと定めていると、いよいよわからん時代となってくるぞ、気

つけおくぞ。

〈宇宙訳〉

岩戸開きといってもさまざまな意味を持っているのです。その時のタイミングや場所でも違っていますし、宇宙では宇宙の、地球では地球の、あなた方はあなた方の、動植物は動植物の各々の意味があります。

たとえばあなた方で言うならば、新しい光の世界、ポジティブな世界というのは、とても抽象的な表現ですね。

あなた方の中にはすでにそれを開始している人々が存在していますが、今後は物質ではない、目に見えないエネルギー体の世界を現在の物質世界に同時に混ぜていくことになるのです。それは、宇宙や、地球のコアなエネルギーも感じられるようなあなたになることでもあるのです。

宇宙にいた頃のあなた、肉体を持たない魂エネルギーのみのあなたを思い出す時も来るでしょう。あなた方一人ひとりの中で変化が起きていくのです。宇宙の記憶を呼び覚まし、宇宙意識が覚醒していくのです。その時には、あなたが何者であったのか、何者であり続けるのかが、はっきりとわかるようになります。

宇宙意識というのは、記憶だけではないのです。宇宙の感覚を思い出すのです。それは、あなた方の今の世界観をはるかに超えるものとなるでしょう。時空次元を超える感覚ですが、すでに思い出している人々が登場しているのです。それがその人の岩戸開きといってもよいのです。そのような個人の岩戸開きは、個人によってスピードの違いが存在します。画一的なものではないのです。

まず、あなた自身の固定観念「こうあるべきだ」「こうすべき」といった、自分を縛る約束事を手放すことです。もしかすると、自分では無意識に思っているためにわからないこともあるでしょう。あなたが心の中で「こうしなければならない」「すべき」という言葉が出てきたら、その部分が私（創造主）がいう、あなたが自分を拘束している固定観念なのです。

それを自分の価値基準で計って「岩戸開きはこんなもの」とイメージを決めてしまっていると、あなた自身が混乱し、どう生きていけばいいのかわからないと感じる時代を過ごすことになるでしょう。

心や頭を柔軟にし、今までの自分の価値基準を見直しながら進むのです。

［至恩之巻　第十帖］

国常立神《クニトコタチ》も素盞鳴命《スサナル》も大国主命《オオクニヌシ》も、すべて地に縁《ゆかり》のある神々は皆、九と十の世界に居られて時の来るのをお待ちになっていたのであるぞ、地は智の神が治《し》らすのぞと知らしてあろうが、天運正にめぐり来て、千引の岩戸は開かれて、これら地に縁のある大神たちが現れなされたのであるぞ、これが岩戸開きの真相であり、誠《マコト》を知る鍵であるぞ。

〈宇宙訳〉

宇宙の叡智と関係のある地球での光の存在たちは、光の世界、あなた方にとっては不可視の世界に居て、時が来るのを待っていたのです。宇宙の条理に則って、とうとう岩戸が開かれ宇宙の叡智が流れて入る道が開通したのです。この地球のサポートをするために多くの光の存在たちがこの地球に来るようになったのです。これが岩戸開きの真相であり、真実を解き明かすカギでもあるのです。

宇宙に優劣は存在しない／今回の岩戸は時空次元を超えた立体世界へ入る門

一時期、教育の世界で「平等」を重んじる風潮が強まり、何にでも当てはめる現象が起こったことがありました。運動会のリレーに順位をつけると不公平だといって、順位をつけない運動会がありました。それは、平等という言葉をはき違えていることから起こった出来事だったのだと思います。個人個人の個性を認めることが公平であり平等なのでしょう。

子育てをする時に学んだのですが、人間の個性を木でたとえた、面白い表現をご紹介します。

杉の木は、まっすぐ天に向かって伸びようとする特性があります。

松の木は、枝を横に伸ばそうとする特性があります。

たとえば、あなたのご家族でお考えください。

お父さんもお母さんも杉の木で子供の私は松の木だとしましょう。

お父さんとお母さんは、我が子を見て悩むのです。

「どうして、うちの子は天に向かって伸びようとせず、横へ横へ枝を伸ばそうとするのだろう？　おかしな子だ」。そう悩み、親戚の杉の木のおばさんに相談します。

おばさんは言いました。「その子は、おかしいから、横に伸びた枝を切ってしまえばいいのよ」

お父さんとお母さんは、「やっぱり、そうよね」と言って、松の木の私の、せっかく横に伸ばした枝をチョッキン！　と切ってしまいます。でも、松の木の私は、いくら天に伸ばすように言われても、枝は横にしか伸びないので、また、横に枝を伸ばします。また、お父さんとお母さんは、その枝を切ります。その堂々巡りで日々が過ぎ、その松の木の私は、とうとうお化けのような木になってしまいました。

「自分がそのように育てられた〜！」とネガティブに捉えるのではなく、そのようなことが起きないように、自分は自分の子供を育てる時に気を付けよう！　と学べばいいのです。

杉は杉の個性があり、松は松の個性があり、それぞれの個性を知って付き合う、または育てることが公平や平等なのだと思います。

ひふみ神示のメッセージでは、空間の認識を改めることを目的に、今までの自分の体験や知識に対する執着を手放すことを勧めています。

そのことに関して、アシュタールの意見を聞いてみましょう。

アシュタール　みなさんは、まずご自分は何者なのかというご自分の本質を知ったほうがよいのです。

多くの人々は、ご自分に対する認識が相違しているのです。今のこの地球で、正反対の自分を体験してみることを設定している方々もいらっしゃるのです。今世のご自分の人生経験から、自分はこのような人間だ、と断言するのは避けましょう。宇宙に存在するほぼパーフェクトなあなた自身とコミュニケーションをとって、本当の自分はどのような魂であり、何をするためにこの地球に降り立ったのかを知ることが重要なのです。

いかがでしょうか。今までの自分がこうだから、と今までの軸に当てはめないほうがよいのです。本来のあなたは、今のあなたとは全く違っているかもしれないのです。そう考えると無限の可能性が広がっていき、神秘を感じてわくわくしませんか。私は、とってもわくわくするのです。

［五葉之巻　第九帖］

平等とか公平とか申すのは悪魔の罠《わな》であるぞ、天地をよく見よ、人民の申すごとき平等も公平もないであろうがな、一寸伸びる草もあれば一尺伸びる草もあるぞ、一寸の草は一寸が、一尺の草は一尺が頂天であるぞ。これが公平であり平等と申すもの。人民は選挙と申す麻薬に酔っているぞ、選挙すればするほど本質から遠ざかるぞ。他に方法がないと定めてかかるから、悪魔に魅《み》入《い》られているからわからんことになるぞ。世は立体であるのに平面選挙していては相成《あいな》らんぞ。平面の数で定めてはならん、立体の数に入れよ。

〈宇宙訳〉

世間では平等とか公平と言っては自己主張し、仲間を増やしていこうとするエネルギーを持っている人々が存在していますが、それはネガティブエネルギーに引き込む罠《わな》でもあると見破ることが大切です。

森羅万象、自然界で起こっていることをよくよく見てみるのです。あなた方の言う平等とか公平というものは存在していないことが明らかになるでしょう。

草を例にとっても同様のことがわかるでしょう。草の品種により低い背丈の草もあれば、背丈が高い草もあります。一寸の草には一寸が、一尺の草は一尺が頂点なのです。

あなた方人間も同じです。その人その人の役割により、与えられる能力も違うのです。そこには優劣が存在するのではなく、違いがあるということです。違いがあって当然なのです。

走るのが速い人もいれば、高く飛ぶのが得意な人もいる。生まれながらにして宇宙の叡智をおろす能力を持ったまま存在する人がいる。それは不平等でも不公平でもなく、違いが存在しているだけなのです。

宇宙には優劣、良い悪いというジャッジはありません。あるのは違いだけです。公平であり平等というものなのです。あなた方はいつしか他人との競争をはじめてしまったのです。公平や平等という名のもとに多くの人々に選ばれた人が適している人だと定める、選挙というものを開始したのです。

国を治めるには選挙しかないと思い込んでいるのです。選挙すればするほど、国を治める本質から遠ざかるのです。他に方法がないと定めているから狭い視野となります。広く物事が見えなくなっている時、その道しかないと思い込んでいる時は、どうぞ思い出してください。あなた方の内に存在している、低い次元のあなた方のエネルギーに支配されているのだということを。そしてその時には、大きく呼吸して狭い視野で物事を見ている自分を省《かえり》みて、広い視野で、そして高い位置から自分や物事を俯瞰《ふかん》してみることです。

国を治めるのも同様です。狭い視野しか持っていないあなた方ではなく、広い視野を持って、高い位置から俯瞰したあなた方が一丸となって国の治め方を検討するのです。

きっとあなた方一人ひとりが、「一人立つ精神」となれば、その答えは自ずと見えてくることでしょう。

［五葉之巻　第十一帖］

善では立ちて行かん、悪でも行かん、善悪でも行かん、悪善でも行かん。岩戸と申しても天の岩戸もあるぞ、今までは平面の土俵の上での出来事であったが、今度は立体土俵の上ぢゃ、心をさっぱり洗濯して改心致せと申してあろう、悪い人のみ改心するのでない、善い人も改心せねば立体には入れん、此度《こたび》の岩戸は立体に入る門ぞ。

〈宇宙訳〉

あなた方の今の世界は、何でもかんでもあれは良いこれは悪いと、良いか悪いかで前に進もうとしていますね。しかし、善だけでは進めないのです。逆に悪だけでも進めないのです。善悪でも悪善でも前には進めないのです。

つまり良いか悪いかの価値基準が存在している世界では前に進むことができないのです。

岩戸が開くといっても、地球上の物質界のみの岩戸だけではなく、宇宙へと続く岩戸も開くのです。

今まで地球上の物質界のみの出来事だったのですが、今後は宇宙や地球の中心にあるエネルギーも感じながら生きていく世界が到来します。

今までの固定観念を手放し、常に柔軟に受け止めていく心構えが必要なのです。

今までの出来事や体験や知識に執着していても何も生まれないということです。あなた方の価値基準でいう悪い人だけが心を入れ替えるのではなく、良い人も心を入れ替える必要があります。そうしないと時空次元を超えた世界へは入れないでしょう。今回の岩戸開きで時空次元を超えた立体世界へ入る門が開くのです。

川の流れに
身を任せる
自分の心を
宇宙に合わせて
川の流れに
舟をまかせる
心は舟の羅針盤
国も宗派も関係ないよ
心を正しく
宇宙に合わせる

Chapter 4

現代社会から
ミロクの世へ移る
プロセスは
あなたがキーマン

ミロクの世に入るための具体的変化／あなたが変わる時は今！

ミロクの世と現在の世界とは違いがありすぎます。具体的に自分たちはどうしていったらいいのでしょう？

その答えがここに記載されています。具体的にどうしていったらいいのか、というのはさまざまな側面があると思いますが、地球のエネルギーがチェンジしていく中で、自分が素直になって柔軟な思考を心がけていれば、手放す必要がある内容にどんどん気づくような出来事に遭遇していくようです。

感謝をして手放していくことで、さまざまなことに気づきはじめ、「一人立つ精神」に基づいて行動したり、思考することができるようになってくるのです。あなたが一人変わることで、社会の変化を進めることができるのです。そのことを信じて実践していく中で、あなたがあなたらしく輝いていくのを実感されると思います。頭で考え込むのではなく、まず、実行してみることが重要のようです。

社会のせいにして、どうにもならないと悲観したり、落ち込んだりする必要などありません。宇宙には、どうにもならないことなど何一つないのです。どうにもならないと思い込んでいるあなたが存在するだけなのです。

そして、あなた一人が変わることで、社会を変化させていけるのです。

それは、大きなものを変えるにはまず小さな一歩から、という基本に基づいた考え方かもしれません。自分にとっては小さな一歩でも、みんなが一歩ずつ進むと、とんでもないことが起こるようです。

アシュタールは私に集団的無意識の話をしてくれました。

集団的無意識は、少し前からいろいろな場面で実証されていると思います。何かが変化する時、ある一定の数が集まれば、全体が一気に変化するという現実です。

ある島のある猿がサツマイモを海水で洗って食べるとおいしいと発見して、その猿が海水でサツマイモを洗って食べはじめたら、その島の他の猿たちもだんだんと真似をしはじめた、そして、その島でサツマイモを洗う猿が１００匹を超えたら、全然違う島の猿たちが一斉に海水でサツマイモを洗い出した、というお話は有名だと思います。

そのような現実が人間の世界でも起こっているということです。

集団的無意識にネガティブな情報を流して、それを信じ込む人々が増えてしまうと、そのネガティブな世界を実現してしまいます。過去にも、経済が危ない、という情報が流れ、経済学者から見れば、決して危なくなかったのですが、ネガティブな情報を信じる人々がある一定の人数に至った時、経済が危ないほうに一気に流れたことが実際にあったそうです。

どうせなら、ポジティブな情報を信じて、みんなでポジティブな現実を実現させる方向へ導いたほうが明るい未来を実現できると思いませんか。

そのためにも、現在流れているマスコミからの情報を鵜呑みにしないということが重要だと感じています。日本ほど情報操作をされている国はないのではないでしょうか。北朝鮮のように世界の情報が入ってこないというわけではなく、情報が操作され、つまり真実を曲げられて報道されているのは、いかがなものでしょうか？　そのことも踏まえて、ポジティブな情報により多くの方々がアンテナを立てて、そちらの方向に導いていくことが私たちにできることだと思っています。みなさんを不安や恐怖に落とし込むネガティブな情報の虜《とりこ》にならないように運命調整をしていきましょう。

［風の巻　第一帖（三五二）］
やがては富士に木《こ》の花咲くのざぞ、見事富士にこの方鎮まって、世界治めるのざぞ、それまでは仮でよいぞ、臣民の肉体に一時は鎮まって、この世の経綸仕組《しごと》みて、天地《てんち》でんぐり返して光の世と致すのぢゃ。花咲く御代《みよ》近づいたぞ。用意なされよ、用意の時しばし与えるから、㋹の申すう

ち用意しておかんと、とんでもないことになるのざぞ。

〈宇宙訳〉

やがて、今まで誰も見たことがない完璧な地球が出来上がるのです。そして宇宙からながめる波動が素晴らしく良くなることでしょう。あなた方の肉体の中にある煩悩《ぼんのう》といわれているものがだんだんと静まっていき、煩悩つまりエゴから発する波動はなくなっていくのです。そのようになってきた時に世界は一つとなり、調和した人々が協力しあって秩序が守られ、この惑星が運営されていくのです。その時が来るまでは、さまざまなことが起こるでしょう。あなた方の肉体に存在する煩悩が鎮まるためにさまざまな出来事が起こるのです。あなた方が今のルールを見直す必要があること、そしてそのことは何なのかに気づくことが目的です。

あなた方の社会の中で起こっている組織の仕組みのあり方は、本来あるべき姿とは全く違ってしまっていることに気づく時がやって来ているのです。

あなた方のうち、そのことに気づきはじめた者から一人立つ精神を持って、まず自分自身のあり方を変化させていくのです。社会の責任にしたり、政治の責任にし、自分の今の生活を正当化して逃げていても解決しないでしょう。

まず、すべては自分自身の責任であるということを受け入れる勇気を取り戻すのです。

あなた一人が立ち上がる。そのエネルギーがどれほど大きく社会を変化させることでしょう！

自分一人だけでもいい、今のあり方が真実のあり方でないと気づいた者からはじめるのです。

まず、あなたの生活のあり方や、あなたの思考を問い直すのです。一つ一つ丁寧に見直していくのです。その際には決して「仕方がない」「もう、どうしようもない」という考えを持たないように注意することが大切です。

「もうどうしようもない」ということは、宇宙の視点で見るとありえないのです。「もうどうしようもない」と思うあなたが存在するだけなのです。

宇宙は一瞬一瞬変化しています。あなたから発する波動、つまり感情が変化するたびに、一瞬であなたの未来を変えることができるのです。ですから決してあきらめないことが重要です。

あなたが変わることで、この社会が大きく変化することでしょう。そこに光の世界へと繋がる道が開けるのです。

その時がもうすでに来ているのです。

あなた方は、もうその準備を開始するのです。

あなた方お一人おひとりにもうその時が来たのだと、あなたにわかるようにメッセージを送りますので、その時には準備を開始するのです。

しかし、すでに知らせが来ているにもかかわらず、気づいていない人々が多く存在しています。

ネガティブなことが起こってから気づくという道を選び続けるのでしょうか。あなた方の自由選択ですが、エネルギーはスムーズに流しましょう。

ミロクの世になっていく過程と注意事項／波動の上げ方

ここでのメッセージは、実行するのが厳しい内容もあるかもしれませんが、それほどに現在の地球のルールによって、生きにくくなってしまっているのだと実感しています。

宇宙は愛に溢れているのですが、自分が発信している波動ですべてが決まるとなると、責任重大です。逃げたくなる時もあるでしょう。つい、愚痴を言ったり、腹が立ったりすることもあると思います。でも、それでもいいのです。自分の環境は自分に責任があることを念頭においていれば、自然と自分の思い癖は直ってくるでしょう。そして、瞬時にネガティブな感情を持ってしまった時、私は「今のなし〜！」とすぐさま心の中で叫ぶようにしています。そうすることでネガティブな未来を回避しているのを実感しています。

自分から発信している波動が強ければ強いほど瞬時に実現することも、体感していくと思います。

ポジティブなことでもそうでないことでも、感情が強く動き、波動に変換された時、ほんの数分で実現したことがあります。ある意味においては、自分の波動は隠し通せないので、宇宙は厳しいともいえるかもしれません。

この波動の話に首をかしげる人もいらっしゃるかもしれませんが、これは私が体感している事実なのです。

信じるも信じないも自由選択なのです。もちろん、実践するもしないも自由選択です。

自分が希望するパーフェクトな未来の生活に波動を調整し、宇宙にオーダーした後で宇宙が動き出します。そして、次に宇宙から私たちが実践する必要のあるメッセージが発信されます。それをキャッチした私たちは、、そのインスピレーションを実行に移していく必要があります。3次元的に自分の希望する人生に向かって行動していけるのは自分以外に存在しないのだ、と思ったほうがよいようです。宇宙からのインスピレーションを自分の勘違いと思って実践しなければ、物質世界でのあなたの希望の実現は難しいでしょう。

そのことをいくら知識として持っていても、実行している人とそうでない人とでは現実の生活に開きが出てくるのだと思います。

なんだかんだ理由をつけて実行しなければ、いくら「変わりたい!」と叫んでいても、行動が伴わないと日常生活に変化はないでしょう。

できない理由を探せばいくつもあるでしょう。自分の過去を振り返って、自分はかわいそうな生い立ちをしたからできないんだと主張する方々も多くいますが、すべては、ご自分で設定してきているのですから、ご両親もご自分で選んできているのです。そんなふうにできないことを並べてみて、ご自分の人生に何かプラスになるのでしょうか？

ハタと気づいた方は、今からでも遅くないのです。年齢や環境も関係ないのです。一発大逆転のホームランも実現していけるのです。それを狙って、今の環境を設定しているあなたがいるのかもしれません。

未来に波動調整するには、今までの地球の法則で生きてきたあなたの人生経験には参考になることはないようですので、潔く、明るい未来にご自分の未来を設定しましょう。

宇宙の法則はとってもシンプルなのです。子供の頃のように無邪気に楽しんで、実践していくことが軽々と望む人生を実現していくコツなのかもしれません。

【風の巻　第五帖（三五六）】

我が名呼びておすがりすれば、万里先に居ても言うこと聞いてやるぞ、雨の神、風の神、岩の神、荒の神、地震の神、と申してお願いすれば、万里先に居ても、この世の荒れ、地震、逃らせてやるぞ、神々に届く行《ぎょう》で申せよ。

こんな善き世は今までになかりたのぢゃ、膝元《ひざもと》に居ても言葉ばかりの願い聞こえんぞ、口と心と行いと三つ揃った行い、マコトと申して知らしてあろうが。時節来ているなれど、わからん人民多い故、物事遅くなりて気の毒なるぞ、今しばらくの辛棒なるぞ、⦿は人民に手柄立てさしたいのぢゃ、許せるだけは許して善き世に致すのぢゃ、ここまで開《ひら》けたのも⦿が致したのぢゃ、今の文明なくせんと申してあろうが、文明残してカスだけ無《のう》に致すのぢゃ、取り違い慢心致すなよ。

日本の国いくら大切と申しても、世界中の臣民とは替えられんから、国引っくり返ること、まだまだあるかも知れんぞ、地《くに》の軸動くと知らしてあろうがな。この神示キのままであるから、心なき人民には見せるでないぞ、あまりきつくて毒になるから、役員薄めて見せてやれよ、一日も早く一人でも多く助けやりたいのぢゃ、⦿まつり結構ぞ、⦿まつらいでいくら道説いても肚《はら》に入らんぞ、肚に入らん道は悪の道となるのぢゃ、頭ばかりで道歩めん道理わからんか、改心足らんぞ。二月十六日、一二⦿。

〈宇宙訳〉

私（創造主）を呼んでいただければ、いつどこにいてもあなたのサポートをするでしょう。雨・風岩崩れ・地震・荒れた時は、それぞれをサポートしている光の存在たちに、サポートを依頼すれば、地球での荒れや地震から逃れることができるでしょう。光の存在に届くように伝えましょう。光の存在に届く伝え方をするために、まずあなた自身の波動を上げる必要があるのです。

あなたが愛もなくエゴの塊の魂や感情を持っている時、あなたの波動はその影響を受けているでしょう。光の存在は、そのような波動のあなたと共鳴することができないのです。

あなたが光の存在と共鳴する波動をしていれば、他の人を羨《うらや》ましがったり、恨んだり、誹謗中傷をする行為とは遠い存在になっているのです。そのような感情を持ちながら、「自分は光の存在と共鳴している」と外部に吹聴しても、すでに通じなくなっていることでしょう。心あたりのあるあなたは、あなたのエゴを愛で溶かしましょう。

このようなよい世界は今までこの地球では存在しなかったのです。

口で言うこと、心で思うこと、そして行動の三つが一致していることが最も重要なのです。

いくら素晴らしい言葉を並べて話をしていても、心でそう感じてなかったり、行動が伴っていない時は、三つが一致しているとは言えないのです。

宇宙の法則を伝えていくのも同じことです。いくらテキストを読んでいても、心で感じていなかったり、行動が伴っていないと光の存在とは共鳴できないのです。そもそもの波動が違うのです。

その時がすでに来ているのですが、宇宙の法則を理解しない方々が非常に多いために、光の世界になるのが遅くなっているのです。地球にとっては、残念なことでしょう。

しかし、もうしばらくすると、さなぎが蝶へ変容していくように変化が現れてくるでしょう。光の存在は、あなた方に手柄をたてさせたいのです。

あなた方は、他の人やものもあなた自身のことも許せるだけ許しましょう。そうすることで、素晴らしい世界になっていくことでしょう。ここまで素晴らしい世界の扉を開けてきたのは、光の存在たちです。現在の文明をすべて消し去ることはできません。しかし、この地球が光の世界になった時、必要のない文明はなくなっていくでしょう。勘違いして、決しておごり高ぶることのないようにしましょう。

あなた方が日本での今までの考え方やルールが重要だと主張していても、世界中の重要人物の思想を逆転させることはできないのです。世界を変える、つまりこの惑星、地球を救うためには、世界の思想を変えていく必要があります。そのために、日本の国自体が、国の役割を果たせるようになるために、まだまだ成長していく必要があるでしょう。それは、この地球における日本の役割を果たすために重要なことなのです。

日本の国を動かしている根底のルールそのものが動く必要があるのです。今の日本の根本を立て直さないと本来の役割が果たせないのです。

このひふみ神示は、宇宙からのメッセージそのものなので、地球が光の世界、平和な世界になることを望んでいない人には紹介する必要はないのです。光が強すぎると、その方々にとっては刺激が強すぎるので反発を生み、平和への導きの弊害になることが考えられます。

この地球を平和へと導く役割を担っている人々は、この宇宙の法則を段階を追って、少しずつ伝えていってください。一日でも早く一人でも多くの方々を光の世界、平和への世界へと導きたいのです。

光の存在を尊重するのはよいことだと思います。光の存在を尊重せずに宇宙の法則を伝えても、魂に入ってこないでしょう。頭で理解しようとしても宇宙の法則を実践できないということが、どうして理解できないのでしょう。しかし、まだ、頭で理解したいと思っている人は、あなたの心や魂をクリアにして、心を改めてみましょう。

今まであなたが生きてきた人生で体験していた過去の知識を手放しましょう。

過去の世界で生きることから脱却するのです。

［極め之巻　第三帖］

我《わ》が身を捨てて、三千世界に生きて下されよ、我が身を捨てると申すことは我《が》を捨てること、学を捨てることぢゃ、捨てると真理が摑《つか》めて大層な御用が出来るのであるぞ、それぞれの言葉はあれどミコトは一つぢゃと申してあろうが、ミコトに生きて下されよ。言葉の裏には虫がついているぞ、英語学ぶと英語の虫に、支那語学ぶと支那語の虫に犯されがちぢゃ。わからねばならんし、なかなかながら御苦労して下されよ。大難を小難にすることは出来るのであるが無くすることは出来ん。不足申すと不足の虫が湧《わ》くぞ、怒ると怒りの虫ぞ。一生懸命、自分の信じるように、神を小さくして自分で割り切れるように、引きずり降ろして居るなれど、困ったもんぢゃ、長くゆったりとした気持ちで神を求めて下されよ。

〈宇宙訳〉

あなた自身のエゴを捨てて、さまざまな時空次元を超えた立体的な世界に生きてくださ い。あなた自身のエゴを捨てるということは、ネガティブなあなたの感情をポジティブに変換していくプロセスを楽しむということです。

あなた方の欲求の中には段階が存在しています。生きることに精一杯の欲求、自己の安定を守る欲求など、自分の外から何かをもらう欲求を捨てること。そして、学問、知識を捨てるのです。そうすると真理がつかめ、大きな範囲でさまざまな役割を果たしていくことができるのです。各々から出るさまざまな言葉が存在していますが、真実の言葉は一つなのです。あなたの本質と繋がり、あなたのハートで真実の言葉を見極めるのです。そして、その真実に導かれて生きていきましょう。

言葉というものの裏には、虫がついています。自然界を思い起こしてみましょう。植物の葉には虫がついていることが多いです。虫は葉を蝕《むしば》み、葉がなくなっていきます。すなわちその葉にはエネルギーがないということです。エネルギーがないどころか、ネガティブなエネルギーに変換されていることがあるのです。

その虫はさまざまな種類があります。英語を学ぶと英語独自の虫が存在しています。中国語を学ぶと中国語独自の虫が存在し、その虫に侵されていく可能性があります。

虫の種類が国によって違うのは、ネガティブなエネルギーの種類も各国で違いがあり、その表出の仕方も独自のものがあるので注意が必要だということです。

そのネガティブエネルギーの受け方を軽くすることはできても、消滅させるようなことはできません。

不平不満を言っていると、不平不満のネガティブなエネルギーがあなたを支配し、怒ると怒りの波動があなたから発せられるのです。

あなた方は自分を信じることができるように、光の存在を小さくしています。つまりあなた方から光の存在が見える姿を小さくしているということです。

それはどうすれば小さく見えるかというと、高い高い場所に光の存在を追いやり、自分は光の存在とは違っていて当たり前であり、光の存在と同じような視点で物事を見たり、行動したりすることができなくて当たり前なのだと、言い訳しやすくしているのです。

しかし、あなたも永遠不滅の光の存在なのです。光の子としてリラックスして宇宙との共鳴を実行していきましょう。

あなたの魂に従うことがミロクの世の実現に繋がる！

重要なのは、あなたの魂が何をしたがっていて、どう感じているのかを知るということです。私たちは日常、自分の意見があったり、感じたりしているのですが、その意見や感じている自分は、果たしてここで言う「私の魂」と同一なのかどうかを、確かめておく必要があるようです。「私の魂」とは、宇宙に魂エネルギーとしてほぼパーフェクトな状態で存在している私のことを指しているのだと思います。

宇宙で今もなお同時に存在しているほぼパーフェクトな私……。

私は、そんな存在のことさえ最近まで知りませんでした。存在を知っても、どのようにコンタクトを取るのかも知りませんでした。私は、ほんの2年ほど前まで、内観する、つまり自分の内面を見つめ、そこにあるものを探し求めるといったことはしていませんでした。

3年ほど前に次男が全寮制の学校に入った時、送り出した後姿を見て、ワンワン泣いてしまったことがありました。次男と離れることがこんなにも辛くて悲しいことだとは、その時まで気づかなかったのです。泣き崩れる私を見て主人がポツリと言いました。「内観できていなかったんやなぁ」。その通りでした。こんなに急激になんとも言えない気持ちになるとは思いもしなかったのです。

主人から次のようなアドバイスがありました。「次男が自分の希望する進路に向かって進んでいることは、親として、とても嬉しいことだよね。それなのに、悲しい、寂しいといったネガティブな感情をあなたが抱くことで次男にあなたの想いのエネルギーが届いてしまう。そうなると彼の足を引っ張ることになるから」と言われ、本当にその通りだと思いました。次男が志望する進路に歩めて、とても嬉しく、応援したい気持ちには変わりはないのです。自分のエゴが出てしまったことを反省し、次男に心の中でお詫びをして、元の自分に戻る努力をしました。

それほど内観できていなかった私ですから、私の魂の存在とコンタクトを取るのは難しいと思っていました。

でも、宇宙の原理をアシュタールに教えてもらったら、「なんだぁ〜。こんな簡単にわかるんだ」と面白くなりました。

それは、自分自身のハートに意識をおいて、感情を見つめてみるだけなのです。

感情には感情のステージがあって、どのステージにいるのかを探れば、自分の心の中がわかってくるのです。

感情は、宇宙に存在するほぼパーフェクトな自分と共鳴しているかどうかを見極めるツールです。ポジティブな感情の時は自分の魂と共鳴しており、ネガティブな感情の時は不協和音を奏でているということになります。つまり、感情は私たちの人生のナビゲーションになるということなのです。便利ですよね。

私たちの肉体の環境にも、いろいろ意味があるようです。呼吸は宇宙のメッセージを受け取る時に必要なツールであったり、私たちの肉体はピラミッドになって宇宙のメッセージを受け取るアンテナになったり……。そう考えると、宇宙と交信するために何か特殊なツールなど必要ないということがわかってくると思います。

[風の巻　第六帖（三五七）]

江戸の仕組、江戸で結ばんぞ。この道開くに急いではならんぞ、無理して下さるなよ、無理急ぐと仕組壊れるぞ。まだまだ敵出てくるなれど、⦿《かみ》心になれば敵、敵でなくなるぞ、敵憎みてはならんぞ、敵も⦿の働きぞ。⦿は難しいこと言わんぞ、⦿に心皆任せてしもうて、肉体慾《にくたいよく》捨ててしもうて、それで嬉し嬉しぞ。⦿が限りなき光、よろこび与えるのざぞ。嫌なら嫌でそなたの好きにしてやりて御座れ、いったん天地引き上げと申してある通りになるぞ。一度の改心難しいからくどう申してあるのざぞ。

今まで他で出ていたのは皆神示先《ふでさき》ぢゃ、これは神示《ふで》ぢゃ、いつもの如く思っていると大変が足元から飛び立つのざぞ、取り返しつかんから気つけているのぢゃ。いずれは作物《つくりもの》採《と》らしておくから、たくさん採れたら、さらにさらにいよいよざと心得よ。

◉の国治めるのは物でないぞ、マコトざぞ、世界治めるのもやがては同様であるぞ、人民マコトと申すと何も形ないものぢゃと思っているが、マコトが元ざぞ。タマとコト合わしてまつり合わしてマコトと申すのぢゃ。○と丶をまつりたものぢゃ、物無くてならんぞ、タマなくてならんぞ。マコト、一つの道ざと申してあろうがな、わかりたか。

身魂相当に取りて思う様《さま》やりてみよ、行《ぎょう》出来ればその通り行くのぢゃ、◉に気に入らんことスコタンばかりぢゃから、引っ込み思案せずに堂々やりて下されよ。こんな楽な世になっているのぢゃ、屁《へ》も放《ひ》れよ、沈香《じんこう》も焚《た》けよ、ふらふらして思案投首《しあんなげくび》この方《ほう》嫌いぢゃ。光る仕組が中行く経綸《しくみ》となるぞ。二月十六日、一二◉。

〈宇宙訳〉

あなた方は、江戸時代をどのように受けとめているでしょうか。それは個人個人で違っているとは思いますが、江戸時代で構築された仕組みやシステムは、江戸ですべて成し遂げられたわけではないのです。江戸での構築は素晴らしい内容であり、その仕組みを完成するのを急ぐ必要などありません。無理をせず、頑張らないでおきましょう。無理をするとその仕組みは壊れてしまうでしょう。

江戸時代に構築された素晴らしい仕組みを実行しようとすると、反対勢力が現れてくることでしょう。その存在たちは、日本の国自体を平和へ導こうとする高貴な思考はなく、私利私欲に走った勢力です。高次の視点から見ると、愛をもって受け止めるのであれば、一見敵とさえ見える存在でも敵ではなくなります。あなた方の現在の視点から捉えた敵を決して憎んではなりません。地球に存在しているということは、宇宙が認めているから存在しているのです。あなたが敵だと感じている相手も宇宙の計らいであり、宇宙は難しいことを説いてはいないのです。宇宙はシンプルなのです。

あなた方の考え方を、地球の法則つまりあなた方が今まで捉えてきた常識や思考から解き放ち、宇宙の法則に委ねてしまいましょう。波動の調整をして、だまされたと思って、一度宇宙に任せてみてはどうでしょう。

あなた方の心を宇宙に任せ、肉体から発する低次の欲を捨ててしまったら、嬉しい嬉しい日々が訪れることでしょう。遠回りのように思うでしょうが、結局それがあなた自身が幸せになる、豊かになる早道といえるのです。

つまり、宇宙の法則に則って、あなたがあなたであるという事実を受け入れてみるのです。そして、この地球はすべて波動で動いているという事実を認めるのです。あなた自身が発信している波動で、あなたの未来が決まっている事実を認めるのです。あなたが望むと望まざるとにかかわらず、波動ですべて動いている真実が存在するなら、あなたが自分で波動の調整をして、あなたが望む人生を実現できるように行動してみましょう。その時には、宇宙はあなたが設定したあなたの望む未来に向けて動き出すでしょう。宇宙はそのために緻密《ちみつ》な計画をたて、実現へと向かうことでしょう。そして喜びをあなた方に与えることでしょう。

その提案を受け入れられないとしても、それは、あなた方の自由です。自由意思に従えばよいでしょう。その選択をした場合には、いったん地球から引き上げるような流れがくることでしょう。一回で心を改めるのは難しいことなので何度も繰り返してあなた方に伝えているのです。

今まで他で出ていたメッセージの内容は、すべてひふみ神示から見ると遠く離れた内容なのです。今、このメッセージは、ひふみ神示の根本から出ている内容なのです。他のものと同様だと思わず、神示で伝えることを実践されていくのがよいでしょう。そのうちに、インスピレーションを受けて宇宙があなたのオーダーで動いていることを魂レベルでわかるでしょう。そのインスピレーションをどんどん感じるようになればさらにさらに持続的に増していくのだと理解しましょう。光の存在の国を治めるのは物ではないのです。真実が光の国を治めていくことでしょう。そして、世界を治めていくのもやがては同じことになるでしょう。

あなた方は、マコトが世界を治めるといっても、何の形もないものだと疑問に思っているでしょうが、真実が基本なのです。魂エネルギーが入った言葉を発することで、真実つまりマコトになるのです。それは、心と魂を尊重したものなのです。物質世界なのですから、物が存在しなければならないでしょう。魂レベルがイキイキとしていることが重要です。真実は、一つしかない道なのです。

あなたの尊い魂にふさわしいと思うようにやってみましょう。

あなたの尊い魂に従って、進んでいく道にどんどん進めたのであれば、その通りに進んでいくのです。光の存在の顔色を窺《うかが》って、思案して引き込んでなどおらずに、堂々と自信をもって進んでいってください。こんなに楽な世界になっているのですから、リラックスして、美しい香りも楽しみましょう。ふらふらして物思いにふけってしょんぼりしていると、ネガティブな波動になるでしょう。

あなた方が光り輝く仕組みは、中庸《ちゅうよう》を選択していく悟りの教えとなっていくでしょう。

Chapter 5

宇宙の法則は
とっても
シンプルだった

バランスの法則／波動の調整とチャクラのクリアリングで創造主と共鳴できる

ここでは、私たちが世間付き合いをしていく中で、重要なポイントが伝えられています。それは自分自身がバランスを大切に生きていく方法です。このことは、社会でも日常生活でも起こっているようです。

私自身、よくバランスを崩しそうになる癖があるので、創造主と共鳴する際には、必ずといっていいほど、自分の中でバランスをとるようにしています。当たり前ですが、創造主は完璧なバランスの波動ですから、その波動と共鳴するためには必要なことなのです。

私は特別な存在ではないので、みなさんもご自分のバランスを整えて波動の調整をしてチャクラのクリアリングをしていれば、いつでも創造主と共鳴していけるのです。

「私は、創造主と共鳴し、いつも大きな力が私の中を流れている。私は、いつでも必要な時に必要な情報を受け取ることができる」というように、声に出してコミットすることが重要だと感じています。

このひふみ神示は、宇宙の法則がこうなっているというよりは、宇宙から信頼され、宇宙を全面的に味方にしてしまう生き方について書かれていると思うのです。

宇宙や光の存在たちが放っておかない、サポートしたくなる生き方なのです。

とてもシンプルですが、非常に勇気のいることだと思います。頭でいろいろ考えずに一度やってみることをお勧めします。

［風の巻　第一帖（三五二）］

相手七と出たら三と受けよ、四と出たら六とつぐなえよ、九と出たら一と受けよ、二と出たら八と足して、それぞれに十となるように和せよ。まつりの一つの道ざぞ。

〈宇宙訳〉

これはあなた方の世間での付き合いの仕方を言っているのです。相手が七とだしたなら、三と受けよ。これは相手の方がご自分の持っているもの——それは何でも構いません——たとえば能力を七割出したのであれば、あなたは三割を水増しして、さも相手が十割の能力を出したかのように受け取るということです。

受け取る側が、相手の足りない部分を補って受け取ると、不平不満は双方で生まれないものなのです。

そして、相手から四割しか出てこなくても、相手が足りていないと思うのではなく、あなた自身のこととして捉え、何かを償《つぐな》わせていただくつもりで六割を足して完全にするのです。その心がけがあなた自身の人生を好転させていくのです。宇宙はそれをちゃんとキャッチしています。宇宙は、あなたの波動を感じ、バランスをとるようになっているのです。

相手が九割あなたに差し出したのであれば一割を足す役割があるのだと受け取めましょう。あなた自身の受け取る割合を調整するのです。相手の差し出す九割を全部いただくのではなく一割を足して十割とし、あなたが足した一割のその部分は宇宙へ分け与える心がけでいるのです。

相手が二割を出したら、八割あなたが足す心がけを常に持つのです。これがあなた以外からあなたに発せられるすべてのものとうまく付き合っていく方法です。

あなた以外から発せられるすべてのものに感謝して、あなたが補ったり、付け足したり、または宇宙に分け与えたりして、双方を合わせて十割、つまり完全になるように心がけることがこの世界をスムーズに渡っていく方法なのです。

［五葉之巻　第七帖］
昨日は昨日、今日は今日の風。昨日に囚われるなよ、人民の道は定まっているなれど、目の前だけしか見えんから踏み迷うのであるぞ。薬飲んで毒死せんように致しくれよ、薬は毒、毒は薬

ぢゃ、大峠にも登りと下りとあるぞ、馬鹿正直ならん、頭の体操、ヘソの体操大切ぞ。

〈宇宙訳〉

昨日は昨日、今日は今日の風が吹くのです。昨日にとらわれているのではなく、新しい今日という日を創造するのです。

あなた方はどうしても今まで生きてきた自分の人生の体験をもとに、未来を考えてしまいます。自分の今までの人生の枠を超えた発想がなかなかできないのです。目の前の狭い視野でしか物事を見ないから、思い迷ってしまうのです。

薬は万能だと思い込んで副作用で身体を痛めつけないでください。薬には効果もありますが副作用もあるのです。また、一見毒のように見えるものも実は効果があったりするのです。

物事にはさまざまな側面があり、一方しか見ていないと見誤るでしょう。多方面から、そして高い位置から物事を見ていくことが必要なのです。

大きな峠にも上り坂と下り坂があるように、バランスをとるということも大切なのです。

柔軟な思考を働かせて馬鹿正直にならないようにすることです。感情のコントロールも自分自身で気軽に楽しくやっていけるのです。

恩恩の法則／日本人が世界に誇れる「恩を感じる」風習

恩恩の法則は、最も日本人に慣れ親しんだ法則なのだと思います。そうするのが当たり前だと教育されてきているので、この法則は、しっかりと私たちの中に根付いています。

先日、海外で生まれ育ち、日本に住んで30年が経つ方とお話をしていたら、この「恩」という単語が出てきました。

海外では、「恩」を感じる習慣がなく、「やってもらって当たり前」の世界なのだそうです。

日本人は、そもそも「お陰様」の世界であり、「恩」を感じることを重視しています。しかし、現在では昔よりもその傾向は減ってきていると感じるのですが、でも、まだまだ海外と比較すれば「恩」を大切にしているから、秩序が保たれているようなのです。日本人にとっては当たり前のことを、海外では毎日お祈りを捧げて神様に宣言するのだそうです。でも、毎朝の祈りの時だけで、それが終われば忘れてエゴの気質が戻って生活を開始しているそうです。

その方は、「恩義を大切にし、細やかで礼儀正しく真面目な人種は世界で日本人以外に存在しない。日本のみなさんは、世界に誇れる人種であると思う。だから、もっと堂々と自信を持って

『I'm Japanese!』と胸を張ってほしい！」とおっしゃっていました。
ということは、この恩を感じる風習は世界に広げていく必要があるのだと思います。

［極め之巻　第十五帖］

右の頬を打たれたら左の頬を出せよ、それが無抵抗で平和の元ぢゃと申しているが、その心根《こころね》をよく洗って見つめよ、それは無抵抗ではないぞ、打たれるようなものを心の中に持っているから打たれるのぞ。マコトに居れば相手が手を振り上げても打つことは出来ん、よく聞き分けて下されよ。笑って来る赤子の無邪気は打たれんであろうが、これが無抵抗ぞ。世界一家天下泰平ぢゃ、左の頬を出す愚かさをやめて下されよ。

〈宇宙訳〉

「右の頬を打たれたら左の頬を出しましょう。それが無抵抗で平和の元」と言っていますが、その打たれている人の心をじっと見つめてみましょう。
「右の頬を打たれる」ということは、その人が打たれても仕方がないものを心の中に持っているから打たれるのです。
その人が真実の世界の中に存在していれば、つまり、自分の真実の道を生きている人であれば、相手が手を振り上げてもその人の頬を打つことはできないものなのです。

その辺のところを魂で感じとっていただきたいのです。

たとえば、笑っている赤ちゃんが無邪気な波動を出していれば、誰にも頬を打たれることはないでしょう。この波動を「無抵抗」と呼ぶのです。

この状況を創ることができたのであれば、この惑星の住民は、すべて兄弟家族になれるでしょう。

そうなれば、平和で安泰な世の中になります。

左の頬を出すというような愚かな行動は慎みましょう。

［五葉之巻　第四帖］

お尻を出したらお尻をキレイに拭《ふ》いてやれよ、怒ってはならん、お尻を出されるには、出されるだけの何かの原因が己《おのれ》の中にあるのであるぞ。利子は後からでよいと申すが、先に払うこともあるぞ、先にお尻を拭いてやらねばならんこともあるぞ。世が迫って岩戸が開いたのであるから、先にお尻を拭くことも出てくるぞ、思わぬお尻持ち込まれることもあるなれど、怒ってはならん、気持ちよく拭いてやれよ、やがては神がそなたのお尻を拭いて下さるぞよ。

〈宇宙訳〉

あなたは、あなた以外の存在から、あなたが迷惑と感じることをされたとしましょう。その時には、決して怒らずに、その後の処理をしてあげましょう。迷惑をかけられるには、かけられるだけの何かの原因があなたの中に存在するということなのです。利子は後からでいいというけれども、先に払うこともあるのです。先に迷惑をかけられることもあるのです。世界にベストなタイミングがやってきて岩戸が開いたのですから、先に迷惑をかけられることも出てくるでしょう。思いもよらない迷惑をかけられることもあるでしょうが、怒らずに、気持ちよく後の処理をしてあげましょう。やがては、宇宙があなたに愛や豊かさをプレゼントしてくれるでしょう。

数字の法則／宇宙はいろいろな方法でメッセージを送っている

宇宙には時間は存在しないけれど、数字は存在するようです。何を隠そう、このひふみ神示の訳をする役割を私に伝えるメッセージが数字だったのです。

宇宙はいろいろな方法で私たちにメッセージを投げかけてくれています。それは、わかりやすく言うと、エネルギーつまり波動で伝えてくれているのだと思います。その波動をどの変換器を使ってキャッチするのか、その人にとってわかりやすいように伝えてくれているのです。

宇宙からのとても必要なメッセージは、こちらがキャッチするまであの手この手でやってきます。逆に何度も続いて同じ内容のメッセージが降りてきている時は、真実のメッセージをキャッチできていないのかもしれません。つまり、メッセージの意味を正しく受け取めることができていない可能性があります。

ある時、私は「1・2・3」の数字に一週間のうちにたくさん出逢いました。私はそれを「ひふみ」の数字とよく出逢うと感じていました。でもその意味を知るまで、しつこいくらいにメッセージが続いて降って来ていました。

最後には、「1・2・3」のナンバープレートの車に前後左右に囲まれ、その斜め前に駐車している2台の車のナンバーも「1・2・3」だったのですから、もう怖くなって帰宅してからすぐに調べました。そのようにこちらがわかるまで何年でもメッセージを送ってくれるのだと思います。高次元の存在は、逆に低次元の存在の見分け方は、「言うことがコロコロ変わる」「そのメッセージを受けた時に責められているような、冷たい感じを受ける」『あなたは特別です』と、まるでヒーローやヒロインになれるような持ち上げ方をしてきて、その存在の指示に従わせたがる。その指示の内容も、誰かと競争させたり蹴落とすような計画を告げてくる」「言うことが昨日と今日とでは違っている」「急ぎなさい、と急がせる」「何かポジティブなことを開始しようとすると、あなたにはまだ準備が整っていない、と先延ばしにさせる」などが目印のようです。

でも、その方の日々の生活や、日常の言動を見ていると、その方の受け取っているものが、光の存在からのメッセージなのかそうでないのかは、見分けがついてくると思います。

どこからのメッセージでも気にしない、という方は別として、光の存在なのかそうでないのかは、確認したほうがよいかと思います。

そして、数字の意味には、奥の深いものがあるのです。古くから宇宙からのメッセージは数字で降りてくることが多かったのだと思います。もしかすると、この世のすべては、数字で表現できるかもしれません。

先日、はっとしたのは、鳥居の意味です。主人が気がついたのですが、鳥居の形って、二と二が合わさっていますよね。天に向かって地球から伸びる二と地球上を現す二で繋がっているように思います。言葉が存在しなくても、数字のエネルギーでわかりあえるのでしょう。

みなさんも周りに存在する数字にちょっとフォーカスしてみませんか。面白いことがどんどん解明されていくかもしれませんね。

私の「1・2・3」のナンバープレートの体験談以降、「1・2・3」のナンバーをよく目にするというお話を伺います。「1・2・3」は、もしかすると宇宙の法則と解釈してもよいのかもし

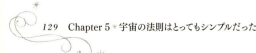

れませんね。

［冬の巻　全一帖（七七〇）］

すべては大宇宙の中にあり、その大宇宙である大神の中に、大神が生み給うたのであるぞ。このことよくわきまえて下されよ。善のこと悪のこと、善悪のこと、よくわかって来るのであるぞ。故に、人間の生活は霊的生活、言《こと》の生活であるぞ。肉体に食うことあれば霊にもあり、言を食べているのが霊ぞ。霊は言ぞ。この点が最も大切なことじゃから、くどう申しておくぞ。

〈宇宙訳〉

すべては宇宙の中に存在しているのです。その宇宙そのものである私（創造主）の中にさまざまなものを誕生させたのです。

宇宙に存在しているすべてのものは、ことごとく私（創造主）が誕生させたのだということを覚えておいてください。それを基本に考えていただくと、あなた方が善と言っていること、悪と言っていること、善悪のことがよくわかってくるでしょう。

この宇宙に存在しているということは、私（創造主）が誕生させたということ、つまり私（創造主）は認めているということなのです。

物事はいろいろな方面からながめてみる必要があります。あなた方の生活を見てみましょう。波動で成り立っている生活です。そして言葉で成り立っている生活でもあるのです。あなた方の肉体に食べ物から栄養が必要なように、あなた方の魂にも栄養が必要なのです。

魂は言葉のエネルギーから栄養を摂取しているのです。言葉に魂が宿っているというのは、そのことから来ているのです。言葉にはエネルギーがあるのです。言葉には波動があり、宇宙を動かすパワーがあるのです。

これが最も大切なことなのです。よく覚えておいてください。

［至恩之巻　第三帖］
わかるように説いて聞かすから、今までの智をひとまず捨てて、生まれ赤児となりて聞いて下されよ。天之鈿女《アメノウズメ》の命《ミコト》が天照大神に奉った巻物には一二三四五六七八九十と書いてあったのぞ。その時はそれで一応よかったのであるなれど、それは限られた時と所でのことで永遠のものではないぞ。

〈宇宙訳〉

あなた方が理解しやすいように噛みくだいて説明するので、あなた方の持っている今までの知識をちょっと手放しましょう。生まれたばかりの赤ちゃんのようにピュアな魂で聞いてください。この世界に太陽をもたらした女神のエネルギーを宇宙から授かったメッセージには、一二三四五六七八九十と書かれてあったのです。今、あなた方は、当時のその知識が今も通用すると思い込んでいますが、それはすでに通用しなくなっているのです。その時は、それで一応は良かったのですが、それは限られた時と場所でしか通用しないのです。永遠に使えるものではないのです。真実を見極めていくには、昔の古い知識は必要がないのです。常に今必要な宇宙からのメッセージをキャッチし続けることが大切なのです。

[至恩之巻　第四帖]

　この時代には一二三四五六七八九十の数と言葉で、死者も甦るほどの力があったのであるなれど、だんだんと曇りが出て来て、これだけでは役に立たんことになって来たのぞ。岩戸開きの鍵であったが、今度の岩戸開きには役に立たんようになったのであるぞ。始めに◉がなくてはならん、◉は神ぞ。

〈宇宙訳〉

世界に太陽が戻った時は、一二三四五六七八九十という数字と言葉のエネルギーで亡くなった人も甦るというほどの力があったのですが、段々とそのパワーにもかげりが見えはじめて、これだけでは役に立たなくなってきたのです。

この数字と言葉は岩戸開きの鍵の役割を担っていたのですが、今度の岩戸開きの時には役に立たなくなっているのです。

今度の岩戸開きの時に必要なのは、宇宙に委ねる魂エネルギーです。あなた方がすべてを宇宙に委ねる時、あなた方は神聖な存在となっていることでしょう。

［至恩之巻　第五帖］

人民の肉体も心も天地も皆同じものから同じ想念によって生まれたのであるぞ。故に同じ型、同じ性を持っているぞ、その神の天津神はイザナギ、イザナミの神と現われまし、成り成りの成りの果てにイザナギ、イザナミの命《ミコト》となり給いて、まず国土《くにつち》をつくり固めんとしてオノコロの四音の島をならし、八尋殿《やひろどの》を見立てられたのであるぞ、これがこの世の元、人民の頭に東西南北の四方があり八方と拡がるであろうが、八十となり、八百、八千と次々に拡がりて八百万《やおよろず》と成り成るのであるぞ。

〈宇宙訳〉

あなた方の肉体も、心も宇宙も地球も、みな同じものから、同じ想念によって生まれたのです。私（創造主）がすべてのものを誕生させたのです。ですから根本的な奥深いところでは同じ型、同じ性質をみんな持っているのです。共有しているのです。

そういう面ではあなた方の中に、宇宙が存在しているといっても過言ではないのです。宇宙で起こっていることは、あなたの中でも起こっている。それは共有しているということなのです。

地球という惑星が存在し、まず陸というものが創りだされたのです。陸地の創造を担当した光の存在は、まずはじめにオノコロという四つの音のエネルギーが共鳴している島を創り、八尋殿という、それは大きな館を建てたのです。

それが今のあなた方が存在している世界のはじまりの話です。あなた方の世界には、東西南北という四つの方角があり、それが拡大すると八方向へと広がるのです。

それがどんどん面積を拡大していくと八十となり、八百、八千と次々に広がりを増していき、やがて八百万となり、「やおよろず」と後々に言い伝えられているのです。

［至恩之巻　第六帖］

四と八によってなされたのであるから、森羅万象《しんらばんしょう》の悉《ことごと》くがその気を受けているのであるぞ。

原子の世界でもそうであろうが、これが今の行き詰まりの原因であるぞ、八では足らん、十でなくてはならん、〇でなくてはならんぞ。岩戸開きの原因はこれでわかったであろうがな。

〈宇宙訳〉

この地球の陸地は、四と八という数字によってはじまったのですから、森羅万象のことごとくすべてがそのエネルギーの影響を受けているのです。

原子の世界でも同じように、この思想が現在のあなた方が経験している行き詰まりの原因なのです。

八では足りないのです。八方向という平面的な広がりを感じるだけでは不十分だったのです。

八ではなく十でなくてはならなかったのです。

十という表現は、つまり球体です。平面として捉えるのではなく、立体的に物事を捉える必要があるのです。宇宙意識を持つ必要があるということなのです。

今度の岩戸開きがどうして必要であるのか、何を目的に必要なのかがおわかりになったと思います。

［至恩之巻　第七帖］

根本の元の元の元の神は、〇から一に、二に、三に、四に、五に弥栄したのであるぞ、別天津《ことあまつ》神五柱《かみいつはしら》と申してあろうがな、五が天であるぞ。五は数《かず》であるぞ、転じて十となるなれど、動き栄えるには十と一の神が現われねばならん、これが中を取り持つ二柱《ふたはしら》の神ぞ。

〈宇宙訳〉

根本の元の元の元の神、つまり宇宙の根源である私（創造主）は、球体からはじまり、一に進み二となり三に増え四に五にと繁栄させていったのです。まるであなた方の細胞のように、あなた方の肉体が出来上がる過程のように成長していったのです。

あなた方の住む国土、陸地をサポートする役割を担っている光の存在は、五つの柱として成り立っているのです。

五というのは、あなた方の視点で見る天を指すのです。そして五という数字を次に繁栄させたのならば、十という数字に転じるのです。

十という数字へと繁栄させるためには＋（プラス）と－（マイナス）のエネルギーが必要なのです。ポジティブエネルギーとネガティブエネルギーとも表現できるでしょう。

この二つのエネルギーの二本柱が中庸を示すサポートとなるでしょう。

よってあなた方が繁栄するためには、ポジティブエネルギーのみではなく、ネガティブエネルギーも必要なのです。双方が相まって、素晴らしいエネルギーへと変容していくことでしょう。

［至恩之巻　第九帖］

千引岩を閉ざすに際してナミの神は夫神の治《し》らす国の人民を日に千人喰い殺すと申され、ナギの神は日に千五百の産屋《うぶや》を建てると申されたのであるぞ。これが日本の国の、また地上の別名であるぞ、数《かず》をよく極めて下さればわかることぞ、天は二一六、地は一四四と申してあろうが、その後ナギの神は御一人で神々を始め、いろいろなものを生み給うたのであるぞ、マリヤ様が一人で生みなされたのと同じ道理、この道理をよくわきまえなされよ。此処《ここ》に大きな神秘が隠されている。一神で生む限度は七乃至《ないし》八である、その上に生まれおかれる神々は皆七乃至《ないし》八であるが、本来は十万十全まで拡がるべきものである。ある時期までは八方と九、十の二方に分かれてそれぞれに生長し、弥栄し行くのであるぞ。

〈宇宙訳〉

神話として言い伝えられている内容から、宇宙と地球との関係性が理解できるのです。他のものを奪い取ろうとするエネルギーと創造しようとするエネルギー、そして後者は、自分の役割にフォーカスし、世の中に貢献するという事柄にフォーカスして出てくる思考なのです。その思考で実践する状態は、宇宙の愛・宇宙の豊かさに委ねている状態ともいえるのです。誰か特別な人々がその恩恵を受けるのではなく、あなた方がその状態に自分自身をおいた時に初めて宇宙の愛・宇宙の豊かさを感じることになるでしょう。それを魂レベルで感じ取っていくのです。理由などないのです。あなた方がその神秘を理解し、実践していく中で、ある時期までは八方にその法則が伝えられていきます。そして光の世界・可視不可視の世界に分かれてそれぞれに伝えつがれ、その法則が拡大成長して繁栄していくことでしょう。

ミラーの法則／他人に何かを与えると宇宙からのギフトが届く

これは、日常茶飯事に起こっていることだと思います。自分の周りの環境を見れば今の自分がわかるという感じでしょうか。

自分の周りで起こっていることはミラーの中で起こっていると感じ取ってください。

自分の周りで起こっているトラブルやさまざまなことは、どうしても自分とは関係ないと思いがちです。遠くの国での出来事やニュースが耳に入ってきたら、遠くの国で起こっていることなので自分とは関係ないと感じるのが通常の感覚だと思います。私も2年ほど前まではそう思っていました。でも、信じられない方が多いかもしれませんが、遠い国で起こっていることでもあなたが目にするということは、あなたに関係しているのです。あなたの中で起こっている出来事といっても過言ではありません。

ミラーの中で起こっていること、つまり、自分の周りで起こっていることを変えたければ、ミラーに映っている自分を変えるしかないのです。私たちは自分の周囲で起こっている出来事を他の人の責任にしたがる傾向があると思います。その行為は、ミラーに映っている自分の顔が汚れていることをミラーの責任にしてミラーを一生懸命磨く行為なのです。でも、汚れているのは、あなた自身の顔ですから、あなたの汚れている部分を拭かなければ、ミラーの中のあなたの汚れは取れないのです。

家族の関係でも職場の中でも同じことが言えるのです。

たとえば、相手と接して、腹が立つとします。腹が立つのは、相手が悪いから腹が立つのだと思うのが今までの感じ方だと思います。しかし、ミラーの法則に当てはめると、腹が立つということ、つまり何らかの反応をするということは、相手の中にあなたを見ているのです。あなたの中に存在している潜在的な嫌な部分が反応していると言えるのです。自分にその部分がなければ、腹も立たないし、傷つきもしない、何の反応もないのです。外的環境があって、自分に何らかの反応があったのであれば、それは、自分の中にも存在している何かの部分が反応している、ということを素直に認めたほうが、あなたがあなたらしく存在できて、心も軽くなるのです。そうなると、あなたの環境がみるみる変化してくるでしょう。あなたにそれを教えようと、あなたをいじめる役をしてくれている職場の上司は、あなたがそのことに気づけば、その人の役割が終了するので、その人とは離れるか、あるいは、最も仲の良い親友になります。

それもこれも、結局は、あなたが自分で設定したシナリオの一部であるということです。あなたがキャスティングもしているのですから、相手はあなたに依頼されて登場しているのです。実は感謝すべき存在だったのです。

[五葉之巻　第五帖]

もの与えることなかなかぢゃ、心してよきに与えねばならんぞ。与えることは頂くことと知らしてあろうが、与えさせて頂く感謝の心がなくてはならん、強く押すと強く、弱く押すと弱くはね返ってくるぞ。自分のものというもの何一つもないぞ、このことわかれば新しき一つの道がわかるぞ。

〈宇宙訳〉

他の人にものを与えることもなかなか難しいことなのです。気をつけて、その方に合わせて与える必要があるでしょう。人にものを与えるということは、すなわち、あなたが宇宙から何かをいただくことになるのです。宇宙からのギフトがあなたに届くことになるのです。ですから、他人に何かを与える時は、与えさせていただく、という感謝の気持ちが必要なのです。ミラーの法則です。

あなたが投げかけたものが返ってくる、あなたが何も投げかけないと何も返ってこないということなのです。自分だけのものというものは、何一つないのです。このことがあなた方の腑《ふ》に落ちれば、あなた方にも新しい一つの道がわかるでしょう。

新しい出会いを生む
心の変化は
2013.5

Chapter 6

あなたの奥底に眠っているヒーローを呼び覚まそう

あなたはなぜ生まれてきたのか？／自分の未来を設定し、創造しよう！

あなたは今、「なぜここに生まれて来たのか？」と疑問に思っているでしょう。

幼少の頃から不思議な感覚をお持ちだった方も少なくないでしょう。

夜空の星を眺めては、「あそこに帰りたい！」と無性に感じた時や、肉体と魂がさも分離しているかのように、客観的に自分の肉体や顔をまじまじ見たり、「この惑星の人々は……」と、あるコマーシャルのように、まるで自分が地球人ではないかのように感じたり、そういうご経験がある方もいらっしゃるのではないでしょうか。

私は、小学校の高学年から中学生の頃に鏡の中の自分を見て、今度はこの顔で生まれたんだ、と他人を見るような感覚で見ていた時期があったように思います。そのことを親や兄弟に話しても、気持ちの共有は難しかったという記憶があります。

あなたもそろそろ、地球に降り立った目的や役割を知る時期が来ているから、この本を手にしているのだと思います。

アシュタールや創造主に、導かれた人も少なくないでしょう。

私たちにはいくつかの側面があって、いくつかの役割を担っているのだそうです。

それは必ずしも、過去世で経験したことをもう一度今世で活かすということではないようです。宇宙意識が覚醒してきて、どんどんと過去世を思い出したとしても、必ずしも過去世でやっていたことを今世でもしないといけないと設定したのではないのだとお伝えしておく必要があるようです。

まず、私たちがすべきことは、自分の未来を設定する、創造するということです。未来の波動調整をしてみるのです。自分の未来を各領域すべてにおいてパーフェクトに設定するのです。たとえば、健康・家族・友人・家・仕事など、とにかく各領域すべてです。

ちなみに、私の役割についての設定をご紹介します。「私と主人（レゴラス晃彦）が、この地球に存在しているだけで地球に貢献できている。多くの方々のお役に立てて、世界中の方々が喜んでくれている。そのエネルギーを感じて、私たちもとても嬉しい気持ちでいっぱいになっている。そして、そのことが仕事と呼びたくないくらい楽しい役割で、わくわくゆったり自分のペースで遂行していて、さまざまな豊かさが溢れる日々を過ごしている」。

これはアシュタールからのアドバイスもあってそのようにしています。ではここで、アシュタールのメッセージをご紹介します。

アシュタール　この地球はあなた方もご存じの通り、どんどんエネルギーがチェンジしています。地球が変化しているとは、あなた方地球に住む人々の意識も変化していっているということなのです。地球に住む人々の意識が変化し続けると、あなた方が地球の人々に貢献できる内容も変わっていく可能性があります。

そのことから、ご自分の3次元的な地球の役割を限定してしまうということは、エネルギーの滞りを作ってしまいかねないのです。あなたが、ご自分の役割の抽象度を上げて、宇宙にオーダーすれば、宇宙からの導きが来るでしょう。

［五葉之巻　第六帖］

仕事はいくらでもあるではないか、七つの仕事があるぞ、七人の替《か》え身魂《みたま》あると知らせてあろうがな、高く昇らねば遠くは見えん、目の先ばかり見ているから行き詰まるのぢゃ、道には落し穴もあるぞ、心得て、仕事に仕えまつれよ。岩戸は開かれているのに何しているのぞ、光が射しているのに何故背を向けているのぞ、十の仕事して八しか報酬ないことあるぞ、この場合、二は神に預けてあると思えよ、神の帖面誤りなし、利子がついて返って来るぞ、マコトのおかげは遅いと申してあろうがな。

〈宇宙訳〉

あなた方を待っている仕事はいくらでもあるのです。一人に七つの仕事が待っているのです。あなたの内側に七つの側面のあなた自身が存在するのです。高い位置に昇って遠い地の果てを見てみましょう。あなたは自分の目先のことばかりに意識を集中しているから行き詰まるのです。

高い位置から見渡してみると、今まで見えなかった物事も見えてくるでしょう。そして、あなたが今行き詰まりを感じている事柄にも抜け道があることに気づくことでしょう。その抜け道を選択する時も落とし穴のない道を選んでいけるのです。

あなた自身の心としっかりと繋がって仕事に取り組みましょう。

すでに岩戸は開かれているのです。同じところで右往左往《うおうさおう》しているのではなく、あなたの進むべき役割の道に向かって歩くことを開始するのです。

目先に気をとらわれていると、いつの間にか光を背にして違う方向へ歩んでいっていることもあります。光の方向へ歩んでいても、あなたが十割の仕事をしても八割の報酬しかないこともあります。

その場合は、その差である二割は宇宙に預けていると思ってください。お金であれば宇宙銀行に預けていると思うのです。実際それが真実であり、あなたにとって必要なタイミングでベストな状況の中で宇宙はあなたに利子をつけて返すでしょう。宇宙の通帳には計算間違いは存在しません。真実の陰徳があなたの目の前に出現するのは、どうしても少し遅くなるのです。

日本人よ立ち上がれ！　日本国や自分の価値を見直そう

この時期に日本人として生まれた目的や役割は大きいのです。私たちが希望し、創造主も認めたから、そうなっているのです。確率で考えてみると、海岸の砂浜を想像してみてください。砂浜の砂にあなたの親指を差し入れて、その爪の上に残った砂の数の確率なのです。

そう考えると、私たちはとてもラッキーなのです。しかも、今後の世界に対しての役割も大きいようです。

日本は、今後の世界を救うために、世界でたった一人のリーダーが輩出《はいしゅつ》される国なのだそうです。王として適した人材の条件が記録されています。

古い歴史からいろいろとひも解くほどに、このことが現実的なことなのだとおわかりになると思います。

他の国で江戸時代の日本人の記録が存在しているようですが、それは「日本人という人種はとても驚くべき人種である。貧乏な町民が世界で例をみないほど清潔で活き活きと暮らしている」といった内容だそうです。きっと江戸時代に考えられたさまざまな生活様式や文化の中には、まだ実行されていないものも多いのではないでしょうか。

江戸時代の人々の生活も現代生活に通用するほどの近代的かつ機能的なものが多かったようです。たとえば、お風呂はサウナミスト風呂で、半身浴になる設計であったり、水道がひかれてあったり、とても現代的な考え方であったのだと思います。その中にはきっとフリーエネルギーも存在しているのでしょう。ひふみ神示では、江戸時代の人々が考え出した隠されている様式を、どんどん世に出して実践していくことを勧めています。もしかすると戦後の日本に導入されたさまざまなシステムの中には、欧米人が輝かしく見え、日本人であることを卑下してしまうような何かがあったのではないでしょうか。

私は少し前に「アーユルヴェーダ」というものをかじったことがあるのですが、その中の一つのハーブの効用について学んだ時、「なぜ、わざわざ海外の気候も違う国の草を植えて苦労して育てているんだろう」と疑問が湧きました。この草ってヨモギと同じ効用があって、そのヨモギは春になるとあちこちで自生しているのです。日本人の文化の中で、きっと、おばあちゃんの智恵みたいなものが存在していて、それがとても役に立つ内容であったりするのではないか、と感じました。日本の高齢日本が急速に超高齢化社会になっていったのも何か意味があるのではないでしょうか。

者が持っている知識をもっと大切にして、我々が継承していく必要があるのだと宇宙が伝えているように感じてなりません。

［風の巻　第十四帖（三六五）］

新しき世とは⦿無き世なりけり、人、⦿となる世にてありけり。世界中人に任せて⦿⦿《かみがみ》は楽隠《らくいん》居《きょ》なり、あら楽し世ぞ。

この世の頭《かしら》致している者から改心致さねば、下《しも》の苦労致すが長うなるぞ、ここまで分けて申しても、実地に見せても、まだわからんのか。世界中のことざから、この方世界構うお役ざから、チト大き心の器《うつわ》持ちて来て下されよ。金も銀も銅も鉄も鉛も皆出て御座れ。それぞれに嬉し嬉しの御用いくらでも与えてとらすぞ。この巻、風の巻。二月十六日、ひつ九のか三。

〈宇宙訳〉

あなた方の世界に到来する新しい世界というのは、神という存在がない世界なのです。
あなた方自身が神という存在と同等となる世界なのです。その世界では、あなた方が宇宙のエネルギーを使いこなして立体的に物事を見て、高い次元での決断を下すことができるでしょう。そうなれば楽しいだけの世界となるのです。今の世界を導いているリーダーから、それを開始しましょう。自ら率先して心を改めてこそリーダーなのです。リーダーたるもの、後に続く人々の幸せを考えて行動することが真実といえるでしょう。

ここまで噛みくだいて説明し、現に世間で起こっているさまざまな事柄と合わせてみてもわからないのでしょうか。この地球全体のこと、世界中の国々のことなのです。日本はその国々を率いるリーダーという役割がありますので、天よりも高く、海よりも深い広い心の器が必要なのです。地球の地中深く眠っている金も銀も銅も鉄も鉛もみな出現するのです。貴金属であっても、卑金属であっても、各々にそれに見合った役割があります。その役割を認め、世界を率いるリーダーがこの日本国に存在しているのです。

豊かさを受け取る上手な方法／エネルギーは高いところから低いところへ流れる

メッセージの中には、日本の昔の諺《ことわざ》にあることがよく見受けられます。

私は、それを感じるたびに思うのです。やっぱり、日本の我々の先祖は、宇宙の叡智《えいち》を降ろして宇宙と共鳴していたのだと……。

あなたの周りにもそのように不思議に感じたことがたくさんあると思います。

私は関西出身ですので、琵琶湖が身近な存在としてあります。琵琶湖は、「琵琶」の形をしていたから琵琶湖なのです。今の発達した文明に生きている私たちだから疑問にも思わないのでしょうが、昔は飛行機ももちろんありませんでしたし、空を飛ぶ手段などありませんでした。航空写真でも撮らない限り、あの湖が琵琶の形をしていることなどわからないと思うのですが、私たちの先祖はそれをわかって名前を付けていたのです。不思議だと思います。

そのような先祖が創った諺は、叡智の塊《かたまり》なのです。

このひふみ神示はまさしく「実るほど頭《こうべ》を垂れる稲穂かな」というメッセージです。そうなれば、エネルギーの流れがよくなって豊かさのエネルギーがどんどんやってくるのだということのようです。水は高いところから低いところへ流れていきます。まるで川の流れと同じように、エネルギーの流れもそれと同じだと言っているのだと思います。

私は、現在の若者のほうが、中年のほうよりも、本質をよく見抜いていると感じることが多いのです。若者は、傲慢《ごうまん》で偉そうにしている中年を見て、中身のなさをきっと見抜いていることでしょう。

［極め之巻　第十六帖］

頭下げて低うなって見なされよ、必ず高い所から流れてくるぞ。高くとまっているから流れて来んのぢゃ、神の恵みは水のように淡々として低きに流れて来るぞ、自分が自分に騙《だま》されんように心して下されよ、善悪を決めて苦しんで御座るぞ。世界の片端《かたはし》、浜辺からいよいよが起こって来たぞ、夜明け近づいたぞ。

〈宇宙訳〉

あなた方の肉体で一番高いところに位置している頭を下げて低くなってみましょう。

あなた方もご存じのように川の水は高いところから低いところへ向かって流れているのです。あなた方にも同様のことが言えるのです。高いところで立っているから川の水は流れてこないのです。宇宙の豊かさや幸せは川上から川下に向かって流れています。あなたの立ち位置を低いところにしてみましょう。

次に豊かさを受け取るためには、あなたがあなた自身のエゴや固定観念に騙されないように注意しましょう。あれが善《よ》い、これは悪いと決めてしまうから苦しいのです。

宇宙には善い・悪いというジャッジは存在しないのです。誰が善い・悪いを存在させたのでしょうか？

あなたの中に存在しているあなた自身ではないでしょうか?

世界の片端の浜辺から、いよいよ光の世界となる時が起こっているのです。夜明けはもうすぐそこまでやってきているのです。

地球を平和へと導く役割を担っているあなたは釈迦でありキリストでもある!

このひふみ神示を読んでいくと、ちょっとした疑問が湧いてきたので、それをアシュタールにぶつけてみました。

Q　各宗教では、絶対的な神が存在します。創造主は、その絶対的な神とイコールの存在なのでしょうか?

アシュタール　地球上で崇《あが》められているのは、ほとんどが光の存在たちです。
たとえばイエス・キリスト、モーセ、観音、釈迦などは、創造主とは相違した存在なのです。

Q　ひふみ神示でのメッセージから受け取る印象だと、「創造主は絶対的存在であり、私たちはいずれ神になる存在である」ということですが、私たちの延長線上にあるのが神という存在で、創造主ではないのですよね。

アシュタール　創造主は、あなた方の延長線上でもあり、私たち光の存在たちの延長線上でもあるのです。創造主のエネルギーと共鳴している時、融合が行われていると言っても過言ではありません。

ただ、肉体を持ちながら常に片時もたがわずに創造主と融合する、ということはないでしょう。

そして、アシュタールは次のようにも述べています。

「あなたのハートの主はあなたであり、他の何者にも明け渡してはいけない」

それはどういうことかというと、たとえば、あなたが悩んでいる時に、運命鑑定やリーディング等々を受けると、あなたの未来を予想されたり、指図されたりします。次にあなたは、そのままその結果を鵜呑みにして、あなたの人生を決めてしまうことがあるでしょう。また、誰かがあなたの未来を見たかのようにあなたの職業や役割を伝えてきたり、あるいは、「あなたのハイヤーセルフがこう言っていますよ」と伝えてくる内容をそのまま信じて、行動に移してしまうことを指すのです。

運命鑑定やリーディングをすべて否定しているのではありません。そのことをあなたのハートに尋ねてみる必要があるのです。

たとえば、あなたのハイヤーセルフが「○○したい」と言っているとします。○○は職業や役割が入ります。それをあなたのハートに訊いてみて、わくわくエキサイトしないのであれば、実行に移す必要はありません。あなたのハートがわくわくエキサイトするのであれば、実行に移してもよいのかもしれません。常に、自分自身に問うという作業が必要なのです。自分自身の感情を見つめることが、あなた自身がこの地球に降り立った役割を果たしていくために重要であるようです。

自分以外の意見やエネルギーに惑わされないあなたを確立することが必要なのです。

Q 私の知人に、アシュタールからエネルギーワークを伝授してもらっているという人がいます。あなたから、「それは、私（アシュタール）ではないと伝えるように」と言われましたが、その方は、自分を主に置いているので、他の人の話に耳を傾けようとはしません。その方と接した人から被害に遭っているとの相談がありました。

その真実ではないアシュタールとコンタクトしている人は、自分が信じているので、自分を主に置いているといえるのですよね。

アシュタール　その人の主は、その人自身ではなく、エゴを主にしてしまっているのです。あなた自身から愛を持って、その人に真実を伝えてみたのならば、相手のエゴが愛のエネルギーで解けて、本来のその人が戻ってくるでしょう。すべては愛のエネルギーが重要なのです。一度、伝えてみることを勧めます。

[風の巻　第一帖（三五二）]

♀の世輝くと、☼となるのぞ、☼と申して知らしてあろうがな。役員それぞれの集団《まどい》作れよ、いずれも長《おさ》になる身魂《みたま》でないか。我《われ》軽しめることは☉軽くすることざぞ、わかりたか。おのもおのも頭領であるぞ、釈迦ざぞ。キリストざぞ。その上に☉坐《ま》すのざぞ、その上神また一束《ひとたば》にするのざぞ、その上にまたヽでくるぞ、その上にもヽあるのざぞ、上も下も限りないのざぞ。
奥山何処《どこ》に変わってもよいぞ、当分肉体へおさまるから、何処へ行ってもこの方の国ぞ、肉体ぞ。心配せずにグングンとやれよ、動くところ、☉力《ちから》加わるのざぞ、人民の集団《まどい》は☉無き集団ぞ、☉無き集団つくるでないぞ、☉上に真中《まなか》に集まれよ。騒動待つ心悪と申してあること忘れるなよ、

⦿の申したことちっとも間違いないこと、少しはわかりたであろうがな。

同じ名の⦿二柱《ふたはしら》あるのざぞ、善と悪ざぞ、この見分けなかなかざぞ、神示《ふで》読めば見分けられるように、よく細かにいてあるのざぞ、善と悪、取り違い申していると、くどう気つけてあろうがな、岩戸開く一つの鍵ざぞ、名同じでも裏表ざぞ。裏、表と思うなよ、頭と尻、違うのざぞ。千引《ちびき》の岩戸開けるぞ。十二月二十五日、ひつ九のか三。

〈宇宙訳〉

あなた方の魂が宇宙にすべてを委《ゆだ》ねた時、あなた方が神となる世になるのです。神となって輝く世界が到来すると太陽が祝福をし、すべてを黄金に輝かせるでしょう。黄金に輝く世界とお伝えしているのです。

あなた方の中で、この惑星を平和へと導いていく役割を持つ者たちは、それぞれに合った纏《まとい》を創りましょう。あなたが束ねるチームの旗印《きいん》です。その役割を持つあなた方はいずれもリーダーとなる魂なのです。あなた自身を卑下することは、私（創造主）を卑下することと同じなのです。

おわかりいただけたでしょうか？　あなたは私（創造主）の魂エネルギーと共鳴しているのです。

この惑星を平和へと導く役割を担って転生してきたあなた方は、各々が頭領なのです。釈迦なのです。キリストなのです。リーダーとして生きざまを見せていく役割があるのです。その上に光の存在たちが存在するのです。またその上には光の存在たちがグループとなって役割ごとに存在するのです。その上にまた魂エネルギーのグループが存在し、その上にも魂エネルギーの層が存在するのです。役割の層が何層にも存在して、厚い層で成り立っているのです。

光の層を宿す神殿は、どこに移転してもいいのです。当分、あなた方の肉体にさまざまな光の存在が収まるので、どこに行っても光の存在たちの光の世界なのです。光の存在の肉体なのです。

心配せずにグングン成長拡大を続けてください。

あなた方が神聖な心を持って動くと、動くところ動くところに光の存在のサポートが来るのです。

あなた方が惑《まど》い苦しんでいるのは、私（創造主）と共鳴し合っていないところから出てくる惑いなのです。私（創造主）と共鳴し合わないために苦しむ惑いを、自ら思い込みで作らないようにしましょう。私（創造主）は、いつもあなた方を見守っているのです。愛を注いでいるのです。

ただあなた方が気づかずに受け取ろうとしないだけなのです。光の存在たちの中央に、中心に、あなた方も集まるのです。

争い、揉《も》め事に繋がる心を持つことは、あなた方が光の世界へ行く道を閉ざすことになります。

それが私（創造主）や光の存在たちがあなた方に伝えていることとは、少しの違いもないことを少しはご理解されたでしょうか。

同じ名前を持つ神が存在しますが、そこには二つの側面があるのです。一方は光の側面、もう一方は反対側の側面であり、光の世界への道を閉ざします。これを見分けるのは難しいかもしれません。しかし、私（創造主）からのこのメッセージをよくお読みいただければ、細かく解いているのでご理解できるかと思います。何度も気づくように伝えています。

岩戸が開く一つのキーポイントともなるのです。

名前が同じでも裏と表があるのです。ただの裏と表であり、エネルギーは同じだと思わないようにしましょう。同じ名前でも裏と表では雲泥の差があります。同じ生き物でも頭と尻との役割が違うのです。

役割が違うと雲泥の差があるのです。

日頃から真実はどこにあるのかをキャッチしながら進みましょう。新しい世へ続く岩戸が開くでしょう。

自然を愛《め》で
自然を愛する
自然に
畏敬の念
を持ち
自然に抱《いだ》かれて
生きる

Chapter 7

キラキラ輝く波動を発信するために大切なこと

感情を人生のナビゲーションにすると、自分の願望が浮き彫りになる

私たちの魂とは、宇宙に誕生した時のほぼパーフェクトな魂エネルギーであるとお伝えしました。私たちは、この地球に降り立つ時に、そのほぼパーフェクトな自分自身と約束してきたことがあるのです。それは、感情をもつということです。私たちは、「300点満点が保証されているボーリング場は、面白くない！」とそこに留まるのをやめて、ネガティブだらけの地球に降り立った、勇敢な魂の持ち主なのです。

その私たちは、地球上でネガティブをポジティブに変換していくプロセスを楽しみに来たのです。そして、魂の成長拡大も目的にして来ています。自分の魂の成長拡大は、宇宙の親である創造主の魂の成長拡大に貢献できると知っていたからなのです。私たちはそのために、地球に降り立つ時に宇宙の記憶をなくすことを選びました。この記憶があれば、自分は能力があることもわかるし、勇敢な魂であるがゆえに、何でも苦労せずにやり遂げられることを知っているので、そんなパワフルな自分の存在を知らないほうが面白いと思ったからなのです。

そして、自分の能力に蓋《ふた》をすることを選びました。自分の人生のシナリオもペナルティを課して

作りました。そんな、ないないづくしの中で感情を持つことで、ほぼパーフェクトな宇宙に存在する自分と共鳴をし、感情を人生のナビゲーションにすることを約束したのです。

それは、自分の感情にも当てはまる内容ですよね。感情というのはステージがあって、ネガティブからポジティブに動いていくステージが順番にあるのです。たとえば、一番ポジティブな感情が愛や喜びや感謝だとすると、その正反対は、無気力・無関心だったりするのです。

朝目覚めて、無気力だったあなたは、テレビのニュースを見て、怒りの感情になるとします。これは明らかに自分の感情のステージを上げていっていることになります。無気力や無関心から一気に愛や喜びや感謝へ飛躍するのは困難ですが、少しずつステージを上げていくようにコントロールしていくとよいようです。

わくわくするのにも脅迫観念をもって、「わくわくしなければならない」とネガティブなあなたに蓋をして削除しようとすると、ネガティブなあなたにフォーカスすることになり、波動にも影響を与えます。それは本末転倒なのです。そのままの自分を受け入れず、そして、自分の感情がもしネガティブな場所にあったのならば、それをどのようにポジティブに変化させるかにフォーカスしたほうがよいと思います。それは、自分の願望を浮き彫りにするツールでもあるので、すべてを受け入れることが重要だと思います。

何よりもパーフェクトな自分の未来をイメージして、わくわくすることがいいかもしれません。

パーフェクトな未来がまだ見つかっていない人は、わくわくを探すアドベンチャーの旅に出かけましょう。

日々の生活の中で、毎日一つでもわくわくする未来に繋がるものを探しましょう。

［極め之巻　第十三帖］

これまでに申してきかせても、言うことときかぬ人民多いぞ、きく耳ないならば思うようにやってみなされ、グルグル廻ってまた始めからぞ、人民は神の中にいるのであるから、いくら頑張っても神の外には出られん。死んでも神の中にいるのぞ、思う様《さま》やりて得心改心、我《われ》が我がで苦しむのも薬と申すもの。

〈宇宙訳〉

今までさまざまな側面からお伝えしてきましたが、理解せずに実行しない方々が非常に多いのです。私（創造主）のメッセージを聞く耳がないのであれば、自分の思うようにやればよいのです。自由なのです。しかし、その方の人生は同じところをぐるぐる回って、いつも初めからやり直すことになるでしょう。

そして、またここに戻ってしまったと後悔するのです。その負のスパイラルから抜け出す道はたった一つ、あなたの人生の過去の知識をすべて捨て、すべてはあなた自身が設定してきた人生であるということを自分で納得することです。そのためには、物事を平面的な捉え方をするのではなく、立体的に高い位置に昇り、高い位置から広く深く物事を見る視野を持つことでしょう。同じところをぐるぐる回ってしまうのは、同じ思考をしているからです。自分の人生で素晴らしかったことや、感謝していることなど、恩にフォーカスすることです。

あなたと同じ人生を歩んでいる違う人がいたのならば、きっとどこかの地点で発想の転換を図り、ぐるぐる回る迷路から抜け出していることでしょう。

そしてまた、あなたが他の誰かと同じ人生を歩んでも、あなたの思考が変わらない限り今のあなたと同じようにぐるぐる回る迷路の中にいることでしょう。そう、すべてはあなたの中に存在している宇宙で決定しているのです。

そしてあなたは、宇宙の一部であり宇宙の中で存在しているのです。

いくら頑張っても宇宙の外には出られないのです。あなたの肉体が朽ちて死が訪れても、あなたの魂エネルギーは宇宙の中に存在しているのです。

ぐるぐる回る迷路の中で、あなたが得るものもあるのです。そこから心を改めることができるのです。

我が身のことばかり考えて苦しむのも薬となるのです。

タイミングの法則／みるみる願いが叶う波動調整法

私は、私たちの日常生活がすべて波動によって動かされていたことを知った時、すべてが腑《ふ》に落ちました。そうすると、いつもアシュタールが言っているように、先祖の因縁《いんねん》と呼ばれるものや過去世から引きずってきている自分自身の悪い業《ごう》というものは存在しないということが納得できると思います。

多分、今の自分に対して責任回避をしたい心理がそのようなものの存在を創ったのかもしれません。なぜなら、すべてがあなたから発信している波動で決まっていると知ったら、誰の責任にもできず、逃げ場がなくなる心理が働くように思うからです。先祖のしてきた因縁が引き続き自分にこのようなネガティブな問題を起こしていると思ったほうが楽だからです。しかし、自分の発する波動によってなされていたのだと知ると、自分自身を改善する以外方法はないのだと思わざるを得ないのです。

あなたを改善することは、自分自身と向き合うことと繋がります。自分の人生はすべて自分に責任があるのだとわかった時、勇気を出して自分と向き合いさえすれば、逆にあなたの望む人生を切り開いていけるということなのですから、それはとても素晴らしいことなのです！

この波動調整を実践していく中で、今まで感じたことのないような、次元を超えた喜びの人生があなたを待っているのです。

宇宙は一瞬一瞬変化しているので、あなたの波動を瞬時に変化させることで、あなたの日常生活にも変化が訪れるのです。「そんなこと、本当なの？」と疑問や不安を抱きながら波動調整をしていても、疑問や不安の波動が伴っているために、その波動が実現してしまうのです。つまり、「そんなこと、本当？」と感じるベースの心理は「そんなこと起こるわけない」と否定する感情なのです。その感情が波動に変換されて宇宙に発信されるということなのです。すべては、あなたの発する波動に反応するのです。

でも、やっぱり肉体を持っている私たちは、ネガティブな感情がつきものですよね。

もし、ネガティブな感情が湧いた時は、あなた自身を責めずにリラックスをして、あなたにとって気分がよくなる環境を用意してあげてください。ネガティブな感情を排除しようとすればするほど逆にそこにフォーカスしてしまうので、そのままそこに置いておくのです。そして、気分のいいことをしてポジティブなあなたを登場させればよいのです。

今の生活の中で活用しやすい方法だと思いますので、ぜひ実行してみてくださいね。

ひふみ神示のメッセージの中にも波動の調整方法がありました。

［風の巻　第一帖（三五二）］

用意なされよ。いよいよざぞ、いよいよくるぞ。◉《かみ》の御言《みこと》知らすぞ、知らすぞ。
眼覚めたら起き上がるのざぞ。起きたらその日の命頂いたのざぞ。感謝せよ、大親《おおおや》に感謝、親に感謝せよ、感謝すればその日の仕事与えられるぞ。仕事とは嘉事《よごと》であるぞ、持ち切れぬほどの仕事与えられるぞ。仕事は命ざぞ。仕事喜んで仕え奉《まつ》れ。我《が》出すと曇り出るぞ。曇ると仕事わからなくなるぞ。
腹減ったら食《お》せよ。二分は大親に、臣民腹八分でよいぞ。人民食べるだけは与えてあるぞ。貧《むさぶ》るから足らなくなるのざぞ。減らんのに食べるでないぞ。食《お》せよ、食せよ、

〈宇宙訳〉

いよいよ用意をする時がやってきました。いよいよ待ちに待った時がやってきます。宇宙の法則をお伝えします。

宇宙の法則を伝えることであなた方の宇宙意識が目醒めたのであれば、起き上がって意識をどんどん上昇させることです。起き上がったのであれば、今のあなたの人生の役割を担うための命をいただいたということなのです。あなたはそのことに感謝をするのです。宇宙に感謝をし、そし

て現在のご両親に向けて感謝をするのです。感謝をすればあなたの人生においてあなたがなすべき仕事への導きがやってくるのです。感謝という感情は素晴らしい波動に変換され、最も神聖な波動を発信することができるのです。

仕事とは役割であり、喜ばしいことなのです。持ちきれぬほどの役割が与えられるでしょう。役割は命なのです。役割を喜んで担うのです。喜ぶという波動が宇宙に発信されて、あなたの未来が光り輝き始めるでしょう。

逆にあなたの我《が》を出してしまうと、その光も曇りだしてしまうのです。あなたの波動が曇りだすとあなたに来ている役割への導きがわからなくなってしまうのです。

おなかが減ったのであれば食べればよいのです。その時にあなたの肉体とコミュニケーションをとってみるのです。肉体はあなたの大親友でもあります。あなたの思い癖や方向性が間違っていることを知らせてくれるのです。肉体に意識を向けてみましょう。

宇宙からものをいただく時には、二割は宇宙へ捧げ八割をいただく心構えでいましょう。何でも腹八分がエネルギーの流れを良好にするのです。人付き合いも食べ物もすべてにおいて共通することなのです。宇宙は豊かであると魂レベルで理解していれば、何かが足りないと貪《むさぼ》るエネルギーは発信されないのです。

そして貪るエネルギーを発するがゆえに足りないと感じたり、貪るエネルギーがエネルギーの流れを滞らせるのです。
そして貪るエネルギーが勝ると、おなかが空《す》いていないのに食事をしたり、足りていないと思うエネルギーによって過度に何でも溜め込んでしまうのです。そしてエネルギーの流れを滞らせてしまうことになるのです。

［風の巻　第七帖（三五八）］

⦿にすがりおりたればこそぢゃと言う時、目の前に来ているぞ。まだ疑うている臣民人民気の毒ぢゃ、我《われ》恨むより方法ないぞ。⦿の致すこと、人民の致すこと、⦿人共に致すこと、それぞれに間違いないように心配《こころくば》りなされよ。慢心鼻ポキンぞ、神示よく読んでおらんと、みるみる変わって、人民心ではどうにもならん、見当取れんことになるのざぞ、神示始めからよく読み直して下されよ、読みかた足らんぞ。

天の⦿も地の⦿も無きものに致して、好き勝手な世に致して、偽物の天の⦿、地の⦿つくりて、我がよけらよいと申して、我れ善しの世にしてしもうていたこと少しはわかって来たであろうがな。いよいよマコトの先祖の、世の元からの生き神、生き通しの⦿⦿《かみがみ》様、雨の神、風の神、岩の神、荒の神、地震の神ぞ、スクリと現われなさりて、生き通しの荒神《あらがみ》様引き連れて御活動に移ったのであるから、もうチットも待たれんことになったぞ、神示に出したらすぐに出て来るぞ、終わりの始めの神示ざぞ、ゆめゆめおろそかするでないぞ、キの神示ぢゃ、くどいようなれどあまり見せるでないぞ。二月十六日、ひつ九㋹。

〈宇宙訳〉

光のサポートを受けて感謝をしている時、あなた方の眼の前に光の存在が来ているのです。あなた方の眼では見えないから、見えないものは信じないと疑っている人はとても気の毒に感じるのです。あなたの周囲で起こっている何事においても、あなた自身を省みるより他に方法はありません。光の存在が実施すること、あなた方が行うこと、神聖な人が行うこと、その各々が間違っていないかどうか心を配りましょう。

心を配るためには、あなたが自分の波動を調整して、事あるごとにゼロポイントにしておくことです。

あなたの波動が乱れていると真実とは何かを見誤ることとなるでしょう。

おごり高ぶる心を持ってしまうと、それがあなたの波動へと影響し、あなたの未来に変化が出てくるでしょう。

あなた方の心のみでは対応ができなくなり、その先どのように対処していけばよいのかわからなくなっていくでしょう。そうならないためにも、私（創造主）からのメッセージを受け止めて、あなた方の生活の中で活かしましょう。

宇宙に存在する光の存在や地球上に存在している光の存在の真実を見ずにあなた方の都合のよいように受けとめて、偽物の宇宙の光の存在や地球上の光の存在を創りだして、自分たちさえよければよいのだと言ってエゴの世にしてしまっていること、エゴからくる勝手な悟りによる支障を少しはご理解されたでしょう。

いよいよあなた方の先祖を作った元の世にさかのぼった時代から活躍している真実の光の存在たち、雨の神、風の神、岩の神、荒の神、地震の神が勢揃いして現れたのです。

そして地球が誕生した頃からの光の存在たちのエネルギーがあなた方のエネルギーと共鳴して、荒の神の荒々しいエネルギーがフルに活動を開始したのです。

あなた方の波動エネルギーを調整しない限り、荒の神の活動は止まらないでしょう。

あなた方の波動は、自分が気分が良いと感じることを多く持つと調整できるのです。

ネガティブな感情はネガティブな波動を発信します。ポジティブな感情にフォーカスするように心がけましょう。

私（創造主）からのメッセージを習得して生活の中で活かしましょう。

これは、現在の世界が終了して新しい光の世界へと繋がるためのメッセージなのです。

あなた方の日々の生活のベースになる事柄なのです。

［風の巻　第十帖（三六一）］

これからは、人民磨けたら、神が人民と同じ列に並んで経綸《しごと》致さすから、これからは恐しい結構な世となるぞ。もう待たれんから、わからねばどいて見て御座れと申してあろうが、わからんうちにわかりて下されよ。肉体のあるうちには、中々改心は出来んものぢゃから、御魂《みたま》にして改心するよりほかない者たくさんあるから、改心難しいなれど、我慢してやりて下されよ。時節には時節のことも致さすぞ。時節結構ぞ。二月十六日、ひつ九ノ㋹。

〈宇宙訳〉

これからあなた方は個人個人で順番に目醒めていき、新しい世界に対応する人が現れるでしょう。目醒めるとは、時空次元を超える感覚を取り戻していくことであり、宇宙意識になることです。そうすると、光の存在たちがあなた方と同じ次元で各々の役割を果たすようになるので、これからは恐ろしいほど素晴らしい世界となるでしょう。

もうすぐそのような世界になる時がやってきます。このことが理解できない人々は、理解できていないことを主張して、目醒めていく人々の足を引っ張るのではなく、あなたがわかっていないのだということを受け入れましょう。肉体の中に魂が入っている人間のままでは、なかなか心を改めることができないのでしょう。そのような人々は、肉体と魂を分離して、ピュアな魂となる以外、心を改める方法がありません。

心を改めるのは、難しいことでもありますが、自分のおごり高ぶる心を手放して取り組んでいきましょう。瞑想《めいそう》も一つの方法です。

宇宙の法則にはタイミングの法則というものもあり、あなたにとってベストなタイミングでベストな舞台が用意され、物事が進んでいくのです。

[冬の巻　全一帖（七七〇）]

神は愛と現われ、真と現われるのであるが、その根はよろこびであるぞ。神の子は皆よろこびぢゃ。よろこびは弥栄ぞ。ぢゃがよろこびにも正流と外流とあるぞ。間違えてならんぞ。正流の歓喜は愛の善となって現われて、また真の信と現われるぞ。外流のよろこびは愛の悪となって現れるぞ。いずれも大神の現われであること忘れるなよ。

悪抱き参らせて進むところにマコトの弥栄あるのであるぞ。神は弥栄ぞ。これでよいと申すことないのであるぞ。大完成から超大大完成へ向かって常に弥栄しているのであるぞよ。宇宙はすべてにおいても、個々においてもすべてよろこびからよろこびに向かって呼吸しているのぞ。よろこびによって創られてよろこんでいるのであるぞ。故によろこびなくして生きないぞ。合一はないぞ。

愛は愛のみではよろこびでないぞと申してあろう。真は真のみでは喜びでないと申してあろうが。愛と真と合一し、、するところに、陰と陽と合一、弥栄したところによろこびあるのぢゃぞ。この巻、冬の巻。五月五日の佳《よ》き日。ひつく神。


〈宇宙訳〉

光の存在は愛のエネルギーそのもので、真実の光を放っているのですが、その根本となるエネルギーは喜びです。あなた方はみな、喜びなのです。喜びのエネルギーは繁栄に繋がります。しかし、喜びも正しい流れに沿って出ているものと、正しい流れから外れているものがあるのです。喜びの種類をしっかり見極めましょう。正しい流れに沿っている歓喜は、愛のエネルギーとなって現れて、そして真実の愛を感じて宇宙の愛、豊かさを信じることができるのです。

正しい流れに沿うとは、あなた方がこの地球に降り立った役割を担う方向に進んでいることを指すのです。一方、正しい流れから外れている歓びは、愛という名のエゴのエネルギーを発信します。宇宙の中で起こっていることは私（創造主）が認めているのです。

愛のエネルギーでエゴのエネルギーを解かしながら、光の世界へ向かって進むところに真実の繁栄があるのです。「もう、これでいいのだ」ということはありません。常に私（創造主）と共に成長拡大へと向かっているのです。

大完成から超大大完成に向かって常に繁栄を継続していっているのです。

宇宙はすべてにおいても、あなた方個人個人においても、歓びから歓びに向かって、まるで呼吸をしているかのように生きているのです。つまりあなた方は、喜びそのものである宇宙によって誕生した魂なのです。その誕生を宇宙が喜んでいるのです。だから、あなた方を含め宇宙は喜びのエネルギーなしでは活きてこないのです。あなたがあなたらしく輝くためには、喜びのエネルギーが必要なのです。それ以外に宇宙規模でできるあなたの成長拡大はないのです。

愛のエネルギーは愛で、愛と歓びは違っているのです。

真実は真実で喜びではないのと同様です。愛のエネルギーと真実とが融合し、魂エネルギーがそこに加わっていくことで陰と陽の融合があり、繁栄へと向かうところに歓びがあるのです。つまり愛のエネルギーといってもさまざまな種類が存在しており、真実の愛のエネルギーが繁栄へと続く道なのです。

真実の愛こそが、二極化しているあなた方の今の世界を融合し、中庸というものを創造していくためのツールなのです。

［極め之巻　第五帖］

つまらぬことに心を残すのは、つまらぬ霊界との縁《えにし》が残っていることぞ。早う岩戸を開いて富み栄えて下されよ、人民富み栄えることは、神が富み栄えることぞ。何事も祓い清めて下されよ、清めるとは和すことぞ、違うもの同士和すのがマコトの和であるぞ。8までと9、10とは性が違うのぞ。

〈宇宙訳〉

つまらないことで心を動かす、悩んでいるというのは、つまらないエネルギーとの縁がそうさせているのです。つまらないエネルギーは同じエネルギーを惹き寄せてくるのです。その解決方法は、あなた自身が心を改め、宇宙意識を取り戻すことです。今までの古い知識やあなたの経験からくる固定観念を手放し、心に隙間を作ることが大切です。そうすることで、あなたが望むあなたの人生を創造していく生活が待っているのです。あなたが望む人生を実現していったならば、あなたが富み栄え、豊かさを取り戻すのです。そのことは、宇宙への貢献に繋がっています。時空を超えたものを感じましょう。次元はあなた方が住んでいる3次元だけではないのです。異次元の存在が存在していることを感じてください。あなた方の常識とは何なのでしょうか？　あなた方の常識と宇宙の常識とは大きく違っていることが非常に多いのです。

もっと思いを自由に持ってください。そうするとすべてがうまくいくのです。

すべてにおいて自由な選択をしてください。

あなたの本当の魂と繋がってください。

あなたの本当の魂は、宇宙に今もなお同時に存在しているのです。感じてみましょう。本当の魂と共鳴しているあなたはあなたの中に存在する、エゴのあなたと共鳴できないようになるのです。

それはつまらないエネルギーとは正反対の波動であるため、エゴの出る幕がなくなるのです。

あなたが宇宙に存在する本当のあなた自身と共鳴した時、それは私（創造主）とも共鳴していることになるのです。その時にあなたは感じるでしょう。あなたは個という存在のみならず、あなたは私（創造主）、私（創造主）はあなたであるということを……。

その波動はすべてのものと融合している存在であることを体感することでしょう。その時のあなたはきっと多様性を受け入れ、魂が愛で包まれているはずです。

八方向の平面的な世界と、九方向、十方向へと拡がっていく立体的世界とでは、性質そのものがすべて違う世界となるのです。立体的な光の世界なのです。

［極め之巻　第十八帖］

この神示は、神と竜神と天人天使と人民たちに与えてあるのぢゃ。天界での出来事は必ず地上に写りて来るのであるが、それを受け入れる、その時の地上の状態によって、早くもなれば遅くもなり、時によっては順序も違うのであるぞ、人民は近目であるからいろいろと申すなれど、広い高い立場で永遠の目でよく見極めて下されよ。寸分の間違いもないのであるぞ、これが間違ったら宇宙は粉微塵《こなみじん》、神はないのであるぞ。

〈宇宙訳〉

私（創造主）からのこのメッセージは、光の存在たちとあなた方に向けたものなのです。宇宙には波動を受け止めるボルテックスが存在しており、あなた方がそれぞれ発信する波動をキャッチして、地球での出来事を決めているのです。

そして宇宙にはタイミングの法則というものもあり、地球のその時の状態によって早くもなれば遅くもなるのです。タイミングによっては順序も違うのです。

あなた方の思考は、どうしても平面的であり、目の前のことしか見ようとしないクセがあります。その視点で物事を理解したように思い込み、いろいろなことをおっしゃいます。そうではなくて、平面的にももっと広く、そしてまるで鳥が空から見下ろすかのごとく高い立場からの視点で、宇宙の感覚、つまり永遠の視点で見極めるのです。

そうすれば真実を把握し、宇宙の采配《さいはい》が理解できるでしょう。

宇宙には寸分の間違いも存在しないのです。ここがもし間違っていたのであれば、宇宙は木っ端《こぱ》微塵《みじん》となり、光の存在もいなくなるでしょう。

それほど宇宙は緻密なのです。

あなたがあなたであるために／宇宙意識を目醒めさせることが必要

どうも私たちは地球に降り立った時に、本来の自分らしい部分を隠すように皮を何枚もかぶってしまっているようです。

自分らしくいるためにはその皮を脱ぎ捨てていくことが必要なのです。そして、あなた以外の存在から「あなたは、○○ですよ」と告げられたとしても、必ず自分自身で確かめるまでは、信用しないことです。私らしい私を探す、わくわくアドベンチャーの旅が必要かもしれません。

日常生活の中の一つ一つの出来事を丁寧に感じ、その反応にフォーカスしていく中でわかってくることがあるかもしれません。あなたが何でもできる無限の可能性のある存在であることに、違いはないのです。

目を閉じて大きく呼吸を数回繰り返し、あなたに何でもできる無限の可能性があることをイメージしてみましょう。現在のあなたと比較するのではなく、すべてを取っ払って、固定観念やジャッジを捨て、そうイメージしてみてください。その時に本来のあなたが見えてくるかもしれません。今一番何がしたいのかと、尋ねてもいいかもしれません。

遠い昔、アシュタールとこの地球を救うために地球に転生することを約束した「スターシード」という人々が存在しています。この地球を光の世界へと導くためには、アシュタールと約束した「スターシード」だけではなく、もっと広義で地球のために「は・た・ら・く」ことを遂行していく勇者が必要です。「はたらく」とは、「傍」が「楽になる」、つまり自分の周りの人々が楽になっていくことを示すのです。

アシュタールと相談して、地球のために「はたらく」バランスのとれた勇者の存在を「スターワーカー」と名付けることにしました。

この惑星に今後必要なことは、「スピリチュアル」「社会性」「地球環境・自然」のバランスが取れた世界の構築だと思うのです。現代社会では、環境活動家と社会活動家とスピリチュアルの世界の人々は相容《あいい》れない世界観に等しい状態にあります。各々が独自の主張をするのではなく、その3つのバランスを取っていくことが光の世界へと繋がることだと思うのです。

アシュタール監修の魔法の学校Ⓡでは、「スターワーカー」を育成するコースを開いています。

アシュタールよりメッセージ

宇宙規模での感性と惑星意識が備わった地球という惑星のために「はたらく」勇者を育成する必要があります。勇者は、まず自分軸をしっかりと持ち、何か夢見心地で空想・幻想の世界に浸《ひた》っているのではなく、3次元的にしっかり地に足をつけて行動していくことが必要なのです。あなたが今いる場所で、今を限りなく無限の可能性へと広げていくことが必要なのです。今の世界から目を背《そむ》けて逃避するのは、お勧めできないのです。

この世界で、あなた自身と宇宙とのバランスを取りながら進んでいくのです。

［冬の巻　全一帖（七七〇）］

宇宙は霊の霊と物質とからなっているぞ。人間もまた同様であるぞ。宇宙にあるものは皆人間にあり。人間にあるものは皆宇宙にあるぞ。人間は小宇宙と申して、神の雛型《ひながた》と申してあろう。人間には物質界を感知するために五官器があるぞ。霊界を感知するために超五官器あるぞ。神界は五官と超五官と和して知り得るのであるぞ。この点誤るなよ。霊的自分を正守護神と申し、神的自分を本守護神と申すぞ。幽界的自分が副守護神ぢゃ。本守護神は大神の歓喜であるぞ。

〈宇宙訳〉

宇宙はエネルギー体と物質からできています。人間もまた同様なのです。宇宙にあるものはみな、人間の中にあるのです。宇宙で起こっている出来事はあなたの中でも起こっているのです。ただ、気がつくかつかないかだけなのです。そして、人間に存在しているものはすべて宇宙に存在しています。人間は小宇宙といって、私（創造主）の雛型、つまり私（創造主）を小さくしたものなのです。人間には物質界を感知するために五感を感じる器官があるのです。五感とは、つまり、視覚、聴覚、触覚、味覚、嗅覚です。

この地球も宇宙の一部であり、宇宙の法則で動いているのです。宇宙は波動で動いています。あなた方は波動でさまざまなものをキャッチして眼球で変換し映像に変えているのです。耳でキャッチして耳で変換して音に変えているのです。つまりあなた方の五感をつかさどる器官は、波動を変換する装置なのです。エネルギー、つまり波動をキャッチするために存在しています。

あなた方はその中でも視覚の影響を強く受けているでしょう。それは視覚からの情報量が多く設定されているからなのです。宇宙からの情報も視覚を通して変換した映像で、より多くの情報を瞬時に受け取れるのです。

それを音に変換するよりも、優れた情報量を一瞬で伝えることができる便利な変換機となっているのです。

光の存在からの情報を感知するための感覚が存在しています。それは五感を超える能力を備えています。

そして宇宙からの情報は、その双方を合わせて理解できるようになっているのです。

このことを知っているのと知っていないのとでは、あなた方の情報のキャッチの仕方が変わってくるのです。

あなたの中には神聖なるあなたが存在しています。それは光の存在としてのあなた自身なのです。

今のあなたが地球での役割を担えるように導いてくれる、あなた自身なのです。

あなた方が創造した、幽界という世界があります。その世界は、あなた方が喜ばないエネルギー、愛や感謝、歓びとは反対側に存在していて、あなた方が油断していると、その世界と共鳴しやすくなるのです。つまり、あなた方の内側にその世界と共鳴しやすい側面があるということです。

宇宙に存在しているほぼパーフェクトなあなた自身とは、つまり私（創造主）と共鳴していて、宇宙の歓喜のボルテックスの中に存在しているのです。

［冬の巻　全一帖（七七〇）］
一切が自分であるためぞ。常に一切を浄化せなならんぞ。霊は常に体を求め、体は霊を求めて御座るからぞ。霊体一致が喜びの根本であるぞ。一つの肉体に無数の霊が感応し得るのざ。それ

は霊なるが故にであるぞ。霊には霊の霊が感応する。また高度の霊は無限に分霊するのであるぞ。

〈宇宙訳〉

私（創造主）が伝えていることは、すべてあなたがあなたでいるために必要なメッセージなのです。常にあなたがあなたで存在するためには不必要なものを手放していく必要があります。

エネルギーは常に、そのエネルギー体の入ることができる肉体を探し求めているのです。肉体もその肉体の波動にあったエネルギー体を探し求めているのです。エネルギー体と肉体の波動がぴったりと一致していることが歓びの基本なのです。一つの肉体には無数のエネルギー体が感応することが可能なのです。

その肉体から発する波動が、まるで磁石のように他のエネルギー体を惹き寄せるのです。それはエネルギー体の波動との共鳴によるものです。また、魂エネルギー体には肉体を持たないエネルギー体が共鳴します。あなた自身の肉体および、魂エネルギーを常にポジティブな波動と共鳴させておくこと、つまり、あなたの感情を見つめてコントロールし、いつも気分のいいあなたでいることを心がけることがポイントなのです。

また光の存在たちや魂エネルギーの輝きが強いほど、その魂エネルギーは無限に分かれることができるのです。

［五葉之巻　第十五帖］

今に大き呼吸《いき》も出来んことになると知らせてあろうが、その時来たぞ、岩戸が開けるということは、半分のところは天界となることぢゃ、天界の半分は地となることぢゃ、今の肉体、今の想念、今の宗教、今の科学のままでは岩戸は開けんぞ、今の肉体のままでは、人民生きては行けんぞ、一度は仮死の状態にして魂も肉体も、半分のところは入れ替えて、ミロクの世の人民として甦らす仕組、心得なされよ、神様でさえ、このことわからん御方あるぞ、大地も転位、天も転位するぞ。

〈宇宙訳〉

あなた方の呼吸は、宇宙からのメッセージをキャッチするために必要なエッセンスなのです。

しかし、その呼吸を大きくしなくても、宇宙からのメッセージを軽々とキャッチできるようになる時がいよいよ来たのです。

今回、「岩戸が開く」ということは「半分はエネルギー界、つまり非物質世界となり、エネルギー界の半分は地球、つまり物質世界となる」ということです。

地球と宇宙の双方を地上にいながら体感できるようになります。現在のあなた方の肉体、想念、宗教、科学を信用することを改めなければ、あなた方の岩戸は開かないでしょう。今のままの肉体では、あなた方が生存していくことはできなくなるでしょう。まずは宇宙意識を取り戻すことが必要です。私（創造主）の存在している世界では、時間、空間の限界がありません。存在していないようで存在しているのです。あなた方の肉体だとすべて正しいものを見ることに限界があります。あなた方の目で見えないけれど存在しているものがあります。

あなた方はラジオの周波数は見えますか？　レントゲン写真で使用するX線は見えますか？　見えないけれど存在しているものは、もっと多くあります。

あなた方は肉体を持つことを希望したのです。肉体を持ち、この地球上であなた方の役割を果たすために、そのことを選んだのです。肉体を持つことで物質界でできることがたくさんあります。あなたは、あなたの指でペンを持ち、文字を書いています。宇宙では文字というものはありませんし、言葉というものも存在しません。インスピレーション、つまりエネルギーでわかりあえるのです。しかし、地球に住んでいる人々へ宇宙の情報を送ってもキャッチできる人とできない人がいます。すべての人、多くの人々の宇宙意識を目醒めさせるためには、文字や言葉が必要なのです。私（創造主）からのこのメッセージをキャッチしているあなたが、もしこのことに気がついたのであれば、一人でも多くの人々に伝えてください。

あなたは今、その役割に気づき、あなたの肉体を通じて私（創造主）からのメッセージを地球の人々に伝える使命を思い出したのです。

これらの宇宙意識に目醒めたのであれば、次に、異次元の存在であるあなたを感じようと試みてください。あなたの常識をすべて手放して、自由になったあなたの中で宇宙を感じるのです。

その一歩が踏み出せたのであれば、肉体も自然と次の世界へ対応できるよう変化を遂げていきます。段階がありますが、あなたがその肉体の変化を歓び楽しんでいれば、次から次へと変化が起こってくるのです。

半分がエネルギーの世界、半分が物質の世界である光の世界に対応できる強じんな肉体となることでしょう。

ただただ変化を楽しみ、歓んで進んでいくのです。

物質世界は宇宙の波動を反映している／感情は波動変換機

このひふみ神示では宇宙と地球と波動の関係性を、今までと違った側面からの見方を示しています。

私たちの発信する波動を宇宙のボルテックスがキャッチして、私たちの未来を創造しているのですから、私たちの現実生活は、宇宙の波動を反映しているといっても過言ではないのです。

しかし、その発信元は私たちなのですから、ミラーの法則でいうと私たちの波動を変えなければ未来は今とは変わらないということになると思います。本当に変えたいと願っている場合のお話です。

自分の未来が変わらない、あるいは、今の環境が思わしくないのを自分以外の責任にしている人々を多く見かけます。そして、あの人はいいわよね、と他の人を羨《うらや》ましがるだけならよいのでしょうが、それがこじれると、幸せな人を妬《ねた》む波動が芽生える人もいるのです。自分以外の人々を羨ましがっても、何にも解決しないことをその方々は気づいていないのでしょう。

それよりは、もっと自分自身に興味を持って、宇宙に存在しているほぼパーフェクトな自分とコミュニケーションをとることにフォーカスしたほうがよっぽど有意義だと思います。

あなたと他の人とでは役割も違うのですから、違っていて当たり前だと思いましょう。昔「自分の尊敬する人を一人選んで、その人の真似をすると成功する」と言っていた人がいますが、それも変な話なのです。真似をしてもあなたとその人は違うのです。役割も違うでしょうし、能力も違うでしょう。個性も違うその人の真似をするだけエネルギーの無駄づかいだと思います。あなたらしく自由に存在する道を選択したほうがよいと思いませんか。

そして、まずは宇宙の法則を使いこなして、日常生活を楽しいエネルギーに変えていきましょう。

［冬の巻　全一帖（七七〇）］

また物質界は、霊界の移写であり、衣であるから、霊界と現実界、また霊と体とはほとんど同じもの、同じ形をしているのであるぞ。故に物質界と切り離された霊界はなく、霊界と切り離した交渉なき現実界はないのであるぞ。人間は霊界より動かされるが、また人間自体より醸《かも》し出した霊波は反射的に霊界に反映するのであるぞ。人間の心の凸凹によって、一は神界に、一は幽界に反映するのであるぞ。幽界は人間の心の影が生み出したものと申してあろうがな。

〈宇宙訳〉

あなた方の住んでいるこの物質世界は、宇宙の波動のボルテックスの影響で創造されているのです。

波動ですべてが運営されているのですから、宇宙と物質世界、またはエネルギー体と肉体はほとんど同じものなのです。

同じ形で別の空間に存在しているのです。

よって物質世界と切り離された宇宙はなく、宇宙と切り離された物質世界はありません。宇宙と物質世界である地球の要求を相談しあうことが今後必要になってくるのです。あなた方は宇宙の波動ボルテックスの采配により動かされていますが、あなた方から発信した波動は反射的に宇宙に反映しているのです。

あなた方の発信した波動は、波動のボルテックスに伝わり、それをもとに宇宙が動き出すのです。それは、あなた自身があなたの未来を創っていることを指すのです。波動というものは、あなた方の感情の変化に伴って変化します。感情は能力の高い波動変換機なのです。その波動によって神聖なエネルギーと共鳴したり、またはエゴのエネルギーと共鳴し、あなた方の人生や日々の生活に反映されるのです。エゴのエネルギー界はあなた方の心の影が生み出した世界なのです。

宇宙に委ねて人生の流れに任せると、幸せや豊かさに辿り着く

私たちの人生を川の流れにたとえると、地球のルールでは、川上に幸せや豊かさがあると信じられていますが、幸せや豊かさは川下にあるのが真実です。川でカヌーに乗ってオールを握って流れに逆らって川上に一生懸命漕いでいる人生だと、真実の幸せや豊かさに辿り着かないのです。これ

は、決して怠《なま》けることを推奨しているのではありません。あなたの希望する未来を宇宙のボルテックスで波動を調整した後に私たちがとるべき姿勢がこの部分のメッセージです。

アシュタールは、私たちによく「喜びましょう」と言います。

喜ぶ波動というのは、川の流れの水量を増やすのだそうです。川の水量が増えるとどうなるのかというと、川の流れが速くなります。

あまり良い表現ではないかもしれませんが、集中豪雨の後の川の映像が時々ニュースで取り上げられているのを見ると、とても勢いよく流れていると思います。氾濫《はんらん》するまでにはいきませんが、水量が増すと流れが速くなります。ということは、豊かさや幸せがあるのは川下ですから、早く川下にある幸せや豊かさに辿り着くのだと思います。

実現したい自分の願望に波動を合わせ、後は川の流れに委《ゆだ》ねるということが、自分の望む未来を実現することになるのです。そこに、ふと不安や疑問が湧いてしまったら、それは川の流れをせき止める障害物になってしまい、川下に行くのを妨害してしまいます。つまり、不安や疑問の波動が宇宙に伝わり、不安や疑問を実現してしまうのです。その不安や疑問を思い切ってなくしてしまうことが、望む未来の実現を早めるのです。私たちから発する波動は、見事にすべて宇宙に通じているので、騙《だま》しようがないのです。波動を調整した後は流れに委ね、宇宙からのメッセージやインスピレーションに従って行動するのです。そのことをひふみ神示では、多方面にわたって伝えています。

［風の巻　第一帖（三五二）］

一日一度からやり直せよ、ほんのしばらくでよいぞ。
◉の道、無理ないと申してあろうが。水流れるように楽し楽しで暮せるのざぞ、どんな時、どんな所でも楽に暮せるのざぞ。穴埋めるでないぞ、穴要るのざぞ。苦しいという声この方《ほう》嫌いぞ。苦と楽、共に見てよ、苦の動くのが楽ざぞ。生まれ赤児《あかご》見よ、子見よ、◉は親であるから人民護《まも》っているのざぞ。大きなれば旅にも出すぞ、旅の苦楽しめよ、楽しいものざぞ。眠くなったら眠れよ、それが◉の道ぞ。◉のコト聞く道ざぞ。無理することは曲がることざぞ。無理と申して我が儘《まま》無理ではないぞ、逆《ぎゃく》行くこと無理と申すのざ。無理することは曲がることぞ、曲がっては◉の御言聞こえんぞ。素直になれ。火降るぞ。

〈宇宙訳〉

一日一度、波動の調整をすることからはじめましょう。ほんのしばらくの間でよいのです。地球には時間というものがありますが、宇宙には時間は存在しないのです。時間が長いほうが効果があるということではないのです。

光へ向かう道には無理という言葉は存在しないのです。可能性は無限に秘められているのです。
まるで川の水が流れるがごとく、さらさら楽しんで流れにまかせて歩んでいくのです。
あなたの未来を各領域すべてにおいて、パーフェクトにイメージするのです。五感を駆使《くし》して、
よりビッグに、より欲張りにイメージをするのです。
現地点でのあなたと比較して妥協した未来をイメージするのではなく、今のあなたが住んでいる
世界の枠を超えた発想が必要なのです。そのイメージをしてワクワクする波動が重要なのです。
あなたの未来を波動で設定するのです。その設定をし、水の流れに委ねていくことが大切なので
す。
その基本を実践していると、どんな時どんな所にいても楽に暮らせるのです。楽しいだけの人生
が待っているのです。
エネルギーの流れにフォーカスしてみましょう。ネガティブなものを感じても、それを排除しよ
うと思わないことです。
なぜなら、あなたがネガティブを排除しようとすればするほど、ネガティブにフォーカスして波
動に影響するためです。あなたはこの地球でネガティブをポジティブに変換していくプロセスを
楽しみに来たのですから、そのことを知っておく必要があるのです。
あなた方は私（創造主）が誕生させた、愛してやまない永遠不滅の光の子供なのです。私（創造

主）はあなた方をいつも見守っているのです。あなた方が望む魂の成長拡大のための旅にも出すでしょう。旅に出て出会うさまざまな体験は、あなた方の魂の成長拡大へと繋がり、私（創造主）の魂の成長拡大へと発展しているのです。

その旅のシナリオもあなた方が自分で描いているのですから、どんどん楽しみましょう。そして休憩がしたくなったら、休憩すればよいのです。自由にあなたが選んでいけばよいのです。

それが宇宙の法則であり、宇宙の導きに沿った道を歩んでいるということなのです。

決して無理はよくありません。無理をすることは、せっかく流れている川の水の流れを曲げて流れを滞らせてしまうことなのです。水の流れが滞ると、水が淀《よど》んでしまうのと同じように、あなたの日々の生活のエネルギーの流れを滞らせてしまうのです。そうなると宇宙の豊かさを感じることから離れてしまうのです。何かにチャレンジする際にあなたが「無理だ」と感じた時、そのインスピレーションを大切にしましょう。「無理だ」と感じることは、わがままなことではないのです。川の流れに逆らってオールを手にして川上に向かって漕ぎ始めることを無理というのです。無理をするということは、川の流れが曲がってしまうことであり、川の流れが滞ってしまうことになるのです。それはエネルギーの滞りを指すのです。エネルギーの滞りによって宇宙からのメッセージが聞こえなくなり、宇宙に委ねることができなくなってしまうのです。

素直になりましょう。川の流れもまっすぐであれば、水の流れ、つまりエネルギーの流れはよくなります。

［五葉之巻　第二帖］

霊界に方位はない、人民は東西南北と申しているなれど、今に東の東が現われてくるぞ。霊界では光の射す方が北ぢゃ、その他の東西南北は皆南ぢゃ、北が元ぢゃ、北よくなるぞと申してあろうがな。鳴門《なると》の渦巻《うずま》きを渡る時は舵《かじ》を放して、手放しで流れにまかせると渡れるのであるぞ、舵をとると同じところをグルグルぢゃ。舵を放せる人民少ないのう。何でもかんでも舵をとって自分の思う通りに舟を進めようとするから大変が起こるのぢゃ、渦にまかせる時はまかさなければならんぞ、鳴戸の仕組の一面であるぞ、大切ごとぞ。

〈宇宙訳〉

宇宙には方位は存在しないのです。時間も存在しないのです。あなた方は、東西南北と言っていますが、もうすぐ真実の東が現れてくるでしょう。それは、新しい太陽と共にあなた方の概念が変化する時に現れるでしょう。あなた方の表現方法で伝えるのであれば、宇宙では光の射すほうが北であり、その他はすべて南となるのでしょう。北が基盤なのです。あなた方の世界が光の世界になったのであれば、基盤がよくなることでしょう。

鳴門海峡の渦は、オールを手放して、流れに任せると難なく渡れるのです。あなた方がオールを握りしめて舵をとろうとすると、同じところをグルグルと回ることになるのです。宇宙の法則を確信し、委ねてオールを手放す人が少ないのです。何でもかんでも舵をとって自分の思う通りに船を進めようとするから支障をきたすのです。この地球はいつしか地球独自のルールを作ってしまったのです。しかし、そのルールは宇宙の法則とは正反対のことが非常に多いのです。あなた方は、地球のルールに則って動いていると勘違いしています。この地球は宇宙の一部なのです。宇宙の法則で動いているのに違いはありません。

あなた方は、宇宙の法則に則ってオールを手放して、流れに沿って楽しんで生きていくことで幸せやこの上ない豊かさを手に入れることになるでしょう。あなた方は今まで生きてきた人生経験でしか物事をはかれないようになっているのです。自分は能力が低く、何もできない人間であると思い込んでいるのです。しかしながら、真実は無限の可能性を秘めているのです。

[五葉之巻　第八帖]

出し切ってしまうと味がなくなるぞ、自分の力が隠せぬようでは大仕事は出来んぞ。取り越し苦労、過ぎ越し苦労はやめて下され、地球という大船に乗って一連託生《いちれんたくしょう》ぢゃ、現在の仕事が御神業と心得よ、不満を持ってはならん、そなたが招いた仕事でないか。この道理わからねば迷信の迷路に入るぞ。

〈宇宙訳〉

何でも出し切ってしまうと味がなくなります。自分の力の調整をしましょう。リラックスしましょう。一生懸命川上に向かって川の流れに逆らってオールを握りしめて漕がなくてもよいのです。オールを手放して、大きな船に乗って、ゆらゆらと優雅に川の流れに乗って安心していけばよいのです。

現在あなたがしている仕事を天職だと思いましょう。不満を持つのではなく。自分自身が選んだ仕事なのではないですか。それを選んだ自分をまず、信じましょう。今あなたがいる場所が、素晴らしい場所なのです。素晴らしい場所にいるのだと、素晴らしいことができるあなたなのだと信じるのです。もし、あなたの現在のステージが卒業なのであれば、そのようにしている中で自然と現在の職場から卒業だと感じる出来事がどんどん起こってくるでしょう。その時は、あなたが次のステージに行く時なのです。逆に、不平不満ばかりを思い、中途半端に辞めてしまうと、その波動は継続するので同じような環境におかれるでしょう。この道理が理解できないのであれば、信じるべきものは何なのか、あなたがどの道に歩んでいけばいいのかわからなくなっていくでしょう。

［五葉之巻　第十帖］

悪自由、悪平等の神が最後の追込みにかかっているなれど、もう悪の世は済んで岩戸が開けているのざから、何とやらのように前から外れてアフンぢゃ、七重《ななえ》の花が八重《やえ》に、八重が九重《ここのえ》、十《と》重《え》に開くのであるぞ、七重はキリストぢゃ、八重は仏教ぢゃ、今の神道ぢゃ、今までの教えは潰れると申してあろうがな。とやかく申さず摑《つか》めるところから神をつかんでついて御座れよ、水は流れるところへ流れているであろうがな、あの姿。

〈宇宙訳〉

ネガティブなエネルギーを支持する存在たちが、あなた方のエゴの部分を引き出そうと、最後の追い込みにかかっています。あなた方のエゴの部分を反応させ、増強するようにし、自由や平等を吹聴し、蔓延《まんえん》させようと躍起《やっき》になっているのです。彼らは、ネガティブエネルギーがこの惑星からなくなれば、自分たちの存在も同様に消滅してしまうことをよく知っています。とても巧妙に、さもポジティブであるかのような姿をして、あなた方に見破られまいと策を練ってきているのです。しかし、もうすでにネガティブエネルギーの時代は終焉《しゅうえん》を迎え、岩戸が開いているのです。ネガティブを見破る人々が増えて相手にもされなくなるでしょう。

今までの歴史やしきたりに従って生きるのではなく、あなた方が目指す新しい時代を創造する時がやってきているのです。地球もそれを望んでいるのです。それぞれが進化を遂げ、新しい世界の到来なのです。たとえば、七重の花が八重に増えて八重の花が九重に十重に開いていくように、あなた方の世界も進化を遂げようとしているのです。

あなた方が信じている宗教でたとえるのであれば、七重とはキリスト教であり、八重とは仏教であり、現在あなた方が信じている宗教すべてを指すのです。今までの宗教はすべて真実とは相違しているのです。

あなた方がキャッチした宇宙からの叡智の情報を信じ、理解していきましょう。水は流れるべきところに自然に流れていきますが、あなた方もそのような自然の摂理に則って生きていくのです。八の時代から九の時代、そして光の世界である十の時代というように、立体的な世界へと進んでいっているのです。

［五葉之巻　第十二帖］

八のつく日に気つけてあろうが、八とは開くことぞ。今が八から九に入る時ぞ、天も地も大岩戸開き、人民の岩戸開きに最も都合のよい時ぞ、天地の波に乗ればよいのぢゃ、楽し楽しで大峠越せるぞ、神は無理申さん、やればやれる時ぞ、ヘタをすると世界は泥の海、神々様も人民様も心の目開いて下されよ、新しき太陽は昇っているでないか。

〈宇宙訳〉

八という数字がつく日に注目しましょう。八という数字は、開くという意味があるのです。今から八から九に進化した世界に入っていくのです。天も地も双方の岩戸が開きます。あなた方の岩戸開きに最もよい時が今なのです。宇宙の法則の波に乗ればよいのです。楽しい、楽しいという毎日だと、3次元的には大きな峠のように思い込んでいることも、難なくスイスイと越えていくことができるのです。

あなた方の人生を川の流れでたとえるのであれば、あなた方は船に乗り、オールを手放して川の流れに沿ってゆらゆらと楽しみながら流れていくイメージです。そして、ゆらゆらと流れていく道中の景色を楽しみながら、川下に着くことで、あなた自身の幸せや豊かさを感じることでしょう。その流れの途中で喜ぶ出来事があれば、思う存分、無邪気に喜ぶのです。その喜ぶというエネルギーは、川の水量を増やす働きがあるのです。川の水量が増えるとどうなるでしょう。あなた方が目指している、豊かさや幸せが溢れている川下に到着する時期が早くなります。川の流れが速くなると、川下に到着する時期も早くなりますが、あなた方の日々の生活での変化も激しくなっていくのです。あなた方が求めている豊かさや幸せと、現在のあなたが置かれている環境との違いが大きければ大きいほど、変化は激しくなることでしょう。その日々の生活の変化は、あなたが望む生活へと向かっている変化なのですから、その変化も喜び楽しんでいくのです。宇宙は愛に溢れています。あなたが決意をして宇宙に委ねるのであれば、いとも簡単にさまざまなことをスイスイやってのけるでしょう。あなたには選択する権利があるのです。どのような人生を歩むのか、すべてあなたが創造しているのです。「もう、どうしようもない」と感じているあなたは「もうどうしようもない」という場所から抜け出そうとしていないだけなのです。光の存在もあなた方も心の目を開きましょう。宇宙の意識を取り戻しましょう。心の目を開くと、ほら、もうすでに新しい太陽が昇っているのが見えるでしょう。

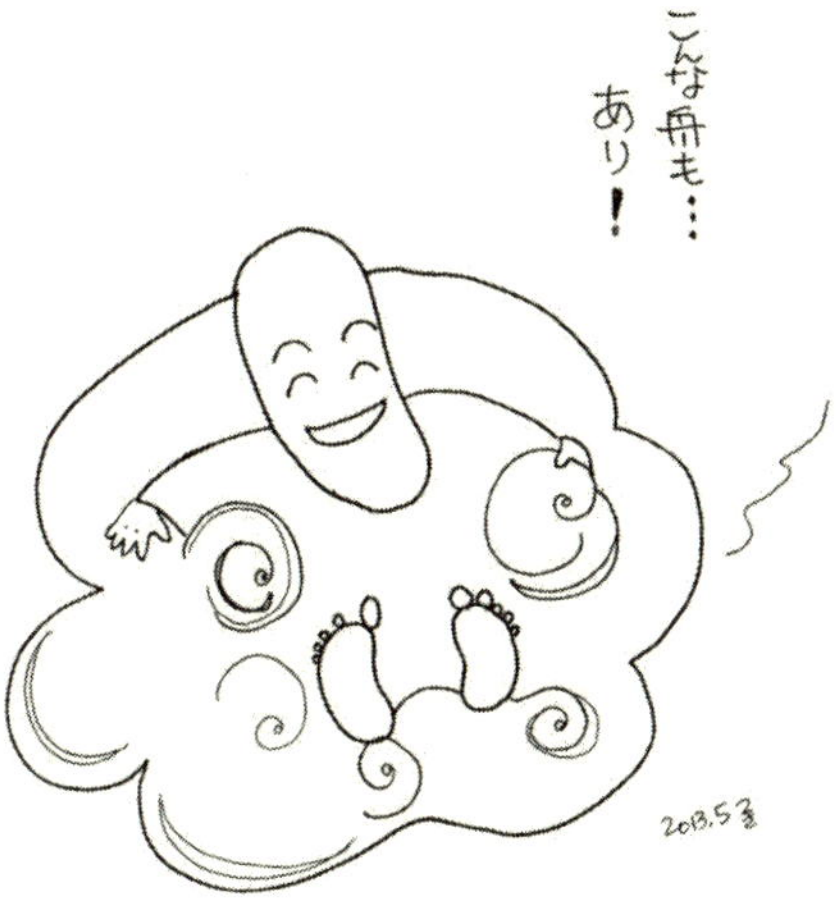
こんな舟も…
あり！
2013.5

Chapter 8

あなたが今いる場所を天国にしよう

今後伸びていく企業と経営者とは？／日本から世界を束ねる王が出現する

このひふみ神示を訳している時に、おじいちゃんアシュタールが出てきてさまざまなことを詳細に教えてくれました。今後の有望企業や経営者についても教えてくれましたが、ここで発表してしまうと問題が起きると思いますので、敢えて控えさせていただきます。

その内容は、組織というものの考え方がひっくり返る感じです。しかし、すでにそのようなことを実現させている企業が存在しています。就業規則もない、会社の理念も掲げていない、休みも自由であり、スタッフが自由に働けるような会社がよいようです。

今までの会社の組織図は、もう必要ないようです。ピラミッド型の組織では、今後の世界では生き残っていけないようなのです。既存のビジネスの常識は、ことごとく崩壊していくでしょう。

「自分は、男性で一家の大黒柱であるので、やっぱり会社で働いて稼がないと家族は養っていけない」。そのような声が聞こえてきそうですが、先にご紹介したような会社や、そのような意識を持って行動している経営者が率いる組織がアシュタールのお勧めのようです。

その会社はいたって自由で、「今日は天気がいいし、ドライブに行きたいから休もう」というのもありのようです。しかし、大人としての判断が要求されるのです。大事なお客さんとの約束がないか、大事な用事が入っていないか、自分が今日休むことで支障をきたさないかを検討したうえで、決行するのだそうです。その社長は、「私は、大の大人と仕事をしているのですから、社員を子供のように扱うやり方には賛成できません。その代わり、大人なのですから、分別があって当然です。私は、信頼できる大人と一緒に仕事をしているのです」といったことをおっしゃっているのだそうです。私たちはルールに依存していることにも気づくべき時なのでしょう。ルールがないと判断も行動もできない受け身の依存人間から脱皮する時なのでしょう。組織に入ると歯車の一つにならねばならない、自分という個を捨てて我慢して働くのが社会人だという時代は、もうそろそろ終焉を迎えようとしているようです。

お金のために我慢して働くのは、自分の何かを犠牲にしているということでしょう。我慢という漢字を見てもおわかりのように「我、慢心」という意味でもあります。そのエネルギーは、お金のエネルギーの波動に最も遠い生き方なのです。

それよりも、あなたの役割にフォーカスした生活を見直すことがお勧めです。

ルールに縛られない自分を創ることは、ルールに甘えていた自分を知るということでもあります。ルールがないと、つい自分に甘くなって……という人生を手放しましょう。ルールがなくても、自分を律していける大人のあなたを確立する必要があるのです。

［極め之巻　第一帖］

宇都志《うつし》水に天津《あまつ》水添え奉《たてまつ》らむを。夕陽《ゆうひ》より朝日照るまで太祝詞《ふとのりと》せむ。火結神《ほむすび》の陰焼《みほと》かへて岩戸とざしき。世界を一つにするのであるから王は一人でよいぞ、動きは二つ三つとなるのぢゃ、キはキの動きミはミの動き、動いて和してキミと動くのぢゃ。三が道ぞと知らしてあろう、自他の境界つくるでないぞ、自《おの》ずから自他の別と和が生まれてお互いに折り重って栄えるのぢゃ、世界一家への歩み方、やり方間違えるでないぞ。九分九厘まで進まねば後の一厘はわからん、今が九分九厘であるぞ、日本は日本、世界は世界、日本は世界のカタ国、自ずから相違あるぞ。

〈宇宙訳〉

宇宙の采配で地球という惑星の意思を尊重して、地球にさまざまなメッセージを送信していたのです。地球を照らしている太陽が他の星の陰に隠れている間、この地球にとって太陽がどれだけ重要な役割を果たしていたのかがわかったのです。地球にとって太陽の光のありがたさ、必要性が十分理解できたのです。

宇宙のリズムがまだ今のように出来上がっていなかった頃、火をまとめる存在が真実に封印をし、岩戸が見えないように災いで隠していた時があったのです。

光の世界となった時に、この地球つまり世界を一つにまとめて導き、世界を率《ひき》いる国王となるものは一人でよいのです。この世界で共存していくあなた方は、宇宙意識に目醒めた状態となっています。そして、立体的に物事を見ることができる存在のみの世界が出来上がっています。あなた方は自分の役割を自覚して動くことができる状態でもあります。広い視点で見ると、その役割ごとの各々の動きが統合されて同じベクトルを向いて、世界が運営されていくことになるのです。あなた方の今の世界は二極化した思想がベースにありますが、光の世界では、第三の道が用意できる思想になっています。白でもない、黒でもない、灰色でもない各々が共存し包括されている世界が出来上がっているのです。

自分は自分、他人は他人という、自分と他人との境界線をつくるのではないのです。自然と、自他という分かれた状態ではない第3の感覚が生まれ、和合していく世界となるでしょう。お互いに折り重なって繁栄していくのです。そこには今のあなた方の世界のような競争や争いはなくなるのです。共に繁栄していくエネルギーとなるのです。

そうするためには、世界を治める者が一人存在すればいいのです。

なぜならば、自分は何者であり、何者になりたいのか、そして何者であり続けるのかということや、自分が今回この地球に生まれ降りた目的をわかってくる人々が多くなってくるからです。そのことを「意識レベルが上がる」と言います。

それぞれ自分の神聖なる役割で宇宙からの叡智を降ろし、行動できる人々が急激に増加するのです。

今までのように、さまざまな法則やシステムで人々を支配し、縛る必要などなくなるということです。

いえ、今までも本当は必要がなかったのです。

肉体を持つ人々の中で、「エゴ」に負け、利権のみにフォーカスしていく人々が蔓延《まんえん》しているのです。彼らは、利権を守るためにあらゆる手段をとってきています。

そのことに気づかずに、「便利」という名のもとに、あなた方の魂が汚染されていったのです。

日本の中にももちろん、そのような人々に加担する輩《やから》が存在しています。彼らは押しなべて、さも国民のために行動しているかのような態度をとっています。

日本国民には素晴らしい大和魂が存在しているのですが、その大和民族は動物でたとえると「羊」であると思い込まされているのです。しかし、本来は「ライオン」であり、一国を束ねることができる王者が存在している国民であるのです。

一国を束ねることができるとは、この地球を束ねることができる王が存在するということなのです。

しかしながら、「ライオン」を恐れ、エゴに負けた利権まみれの輩たちによって、あなた方を

「羊」であると思い込ませる策略が見事に成功しているといえるでしょう。

あなた方日本の国民には、そのことに気づきはじめている人々が多くなってきています。しかし、マスメディアから流れる情報を鵜呑みにし、情報操作をされていることにさえ気づいていない国民もまだ非常に多いのです。

あなた方は、大きな組織の中で働く駒として飼いならされています。組織においてはそのような人種のほうが扱いやすいからです。これは、義務教育からそのシステムを受け入れやすいようにコントロールされているのです。

「ライオン」が「ライオン」らしく勇敢な魂を磨く必要がある場面においても、「羊」の教育を受けて、おとなしく組織の言うがままに動いている者のほうが評価が高くなるシステムになっているのです。

今後、伸びていく企業体制とは、「人々の自由を守る企業」です。なぜそれがよいかというと、それぞれの人々が自分のハートをセンサーにすることを習得し、センサーに従って進んでいくことが各々の能力を活かし、企業の成長に繋がっていくからです。

あなた方は、今後どのような企業に就職するのがよいのでしょうか。それは、企業のトップが「宇宙意識を覚醒していること」、つまり、「宇宙は波動で動いている」という道理を知っていることが重要です。

知識を詰め込む時代は終了し、今後は「感性の時代」になっていくと知っていることがポイントでしょう。

そのような企業のトップは、働く人々が十二分に能力を発揮できる環境をよくわかっています。業績はどんどん伸びていき、そこで働く人々も意気揚々《いきようよう》と働くことができ、競争や闘いの舞台からあなた方を降ろしてくれることでしょう。

あなた方も今までの地球での常識に囚《とら》われることなく、あなたのハートのセンサーに従って企業を選ぶ時代がやってきているのです。

まず、あなたの思考の鋳型《いがた》を外し、あなたが「知識」に囚われない感性を取り戻すことが必要でしょう。

これからの日本は大きくシフトチェンジせざるを得なくなります。その時に大きな変化が起き、経済や社会常識が１８０度変換されることでしょう。

その時までに、あなた方の意識の変化が必要なのです。

今までの地球独自の法則に則って生きていく人生にピリオドを打ち、あなたがあなたでいる所以《ゆえん》、本来のあなたを取りもどす行動が必要でしょう。

「心で思うこと」「言葉で発すること」「自らの行動」、この三点を同じにしていくことからはじめましょう。

このことを知り、「今の世の中でひふみ神示が言っている三点を同じにすることなんて無理だ」と思ったあなたは、その通りでしょう。

あなたがあなたの人生を動かしているのです。あなたは、あなたの人生を運転するためのハンドルを手にしているのです。

その運転手であり主人であるあなたが、「無理だ」と判断したのであれば、その通りになります。

しかし、あなたは、自由であり、あなたの人生はあなたが決められます。どの道を通るのか、どの場所に行くのか、すべてあなたが決められるのです。

「不可能などない」と決めて運転すれば、それが実現するのです。

「世界はどのようになっていくのか?」と嘆いているあなた!

「あなたはどうしたいのか?」ということを、私(創造主)は、お尋ねしたいのです。

他力本願なあなたが、その現実を創造しているのです。

あなたは「羊」ではなく「ライオン」なのです。

いきなりそう言われても、今までの「羊」としての思考が外れないかもしれません。

でも、自分は「ライオン」であるということがわかれば、ライオンらしい生き方にフォーカスをしてみましょう。そこにだんだんと答えが見えてくると思います。

あなたの他力本願を有効に活用する誰かが、あなたの人生を支配・コントロールしていくのです。

そう、あなたが気がつかないように巧妙に徐々にはまっていっているのが、あなたの今の現状なのです。

目醒めましょう。あなたが、この宇宙に魂エネルギー体として誕生した時、ほぼパーフェクトな状態で誕生していること、そして今もなお同時に宇宙に存在していること。

あなたは、そのほぼパーフェクトなあなたの魂エネルギーの一部が抜け出て、肉体に入っているだけなのです。それも、一時的に……。

そのようなことが魂レベルでわかり、宇宙意識が覚醒している人々が多くなると、世界を治める者の役割は二つか三つくらいとなることでしょう。

それぞれの役割のもとで異なる行動をとっていくことが、いとも簡単にできるのです。

大人をまるで子供のように扱う企業体制や国の体制は滅んでいくでしょう。

逆に、大人は大人らしく自立した魂で宇宙と繋がっていくことが必要となるのです。

エネルギー的な動きや物質的な動きがそれぞれ動いて、相互関係していくことも理解できるようになるでしょう。

以前、三の思考が必要だと言いました。それは、自分は自分、他人は他人というふうに自分とその他のものを分ける考え方を手放して、自分とその他のものの境界を作る文化から離れることです。

自然と自分と他のもの、そして新たなる存在との間に和が生まれ、お互いに折り重なって栄えていくのが宇宙の道理なのです。

世界の人々が一つの家族となっていく歩み方を間違えないようにしましょう。競争や争いをして、武力で勝利したものが世界をまとめていくのではないのです。その方法をとるものには敗北しか残されていないのです。

宇宙は豊かなのです。世界中の一人ひとりに与えられる十分な豊かさがあるのです。共に繁栄していく道を歩むのです。

その道は九分九厘まで進まないとあとの一厘はわからないのです。しかし、まさに現在、九分九厘まで歩んできているのです。

宇宙の法則、そして宇宙の意識が甦ってきている人々は、わかりはじめているのです。その方々の人数はどんどんと増加していっているのです。

日本には日本の特性があり、他の国には各々の特性があるのです。

日本は世界の雛型となる国なのです。世界をまとめていく役割を担っているのですから、他の国とは相違していて当たり前なのです。

[極め之巻　第四帖]

大空に向かって腹の底から大きく呼吸してゴモクを吐き出し、大空を腹一杯吸い込んで下されよ。そなたの神を一応捨てて心の洗濯を致してくれよ、神示《ふで》が肚に入ったら捨てて下されと申してあろうがな、神を信じつつ迷信に落ちて御座るぞ。日本がヒの本の国、艮《うしとら》のかための国、◉《ヒ》出づる国、国常立大神がウシトラの扉を開けて出づる国ということがわかりて来んと、今度の岩戸開きはわからんぞ、こんなことを申せば、今の偉い人々は、古くさい迷信ぢゃと鼻にもかけないなれど、国常立尊がウシトラからお出ましになることが岩戸開きぞ、今の学ではわからんことばかり。善と悪とに、自分が勝手に分けて、善をやろうと申すのが、今の世界のあり方。天の王、地の王のこと、ゝのことがハッキリわからねば足場がないではないか、足場も、目当てもなくてメクラメッポウに歩んだとて目的には行きつけぬ道理。

〈宇宙訳〉

さあ大空に向かってお腹の底から大きく呼吸して、あなたにとって不必要な滞りを大空に向かって吐き出しましょう。そしてあなたの無限を十分に感じてみましょう。

呼吸とは、宇宙からのメッセージを受け取りやすくするツールなのです。

あなたの中に存在している不必要な知識や固定観念、常識と呼ばれているものを宇宙に手放して心の洗濯をしてみましょう。

私（創造主）からのメッセージがあなたの腑に落ちたのであれば、その不必要なものは、あなたにとってはエネルギーの滞りを作るだけの存在なのです。

たとえば小学生の頃には、小学生に理解できる仮の内容で学びます。中学、高校と進んでいくたびに真実に近い内容を学びます。真実の内容を学んだ時は、小学生で学んだ仮の学びは必要ないと感じとれるでしょう。

それと同じように、あなた方は真実を知る時がやってきているのです。真実を学ぶためには今までの仮の学びが邪魔になることがあるのです。真実を学ぶ前に、その学びを解放し、ピュアな状態で吸収しましょう。

仮の教えがしみ込んでいると、それによってフィルターがかかったような状態となり、まるで色のついたサングラスをかけて世間を見るような状態となってしまいます。そのような状態では、真実の教えが純粋に入ってくることが阻《はば》まれてしまいます。

あなたにもそのような経験があるでしょう。いつも頭で考えて理屈をつけないと前に進めない状態です。そして、今までの自分の知識が正しいのだと思い込んでいるために、新しい情報をシャットアウトしてしまうのです。

あなたがこの考え方にあてはまると気づいたのであれば、今からでも遅くはありません。すぐに今までの自己を手放して感じてみることに集中してみましょう。

秘密にされていますが、日本という国はウシトラのかなめの国、つまり北東に伸びる国土を持っている国であり、日が昇る国にあてはまり、地球の陸地を創った光の存在が、ウシトラの扉を開けて出現する国です。つまり日本は、世界を束ねていく王が出現する国であることがわからないと、あなた方一人ひとりの岩戸開きの方法もわからないのです。

生まれながらにして「山羊」の存在であるものが生まれながらの「ライオン」をうらやましく感じ、そして恐怖も感じ、「ライオン」を「ヒツジ」に仕立て上げているのです。

なぜならば、世界をまとめる王が「ライオン」の群れから誕生してしまうと都合が悪いのです。エゴの集団の「山羊」たちは、「ライオン」に太刀打《たちう》ちできないことがわかっていて、「ライオン」が「ライオン」と気づいてしまうと、貪り奪うことができなくなるので、そのことを大変恐れているのです。

日本に存在している、心優しく神聖なライオンたちよ、甦るのです。

思い出すのです。自分は、何者なのかを……。

何も、闘いを推奨しているのではありません。闘いの中には、答えがないのです。

競争の中にも答えはないのです。自分は何者なのかを知ることで、自分の役割がわかるでしょう。

あなたらしい役割を担っていくことが、この惑星での存在意義を見出《みいだ》すことになるのです。

東北で岩戸が開きました。そして、東北から「ライオンの王」が誕生し、この惑星を束ねていくことでしょう。

このような出来事が次にいつ起こるのかはわからないことなのですが、そのことを今、世界を支配しようとしている偉い人々に伝えても、魂に入らず、聞き入れることはないでしょう。

これから、現在のあなた方の知識では計り知れない出来事があるのです。

あなた方は、この地球の法則で勝手に善と悪に物事を篩《ふる》い分けて、善のみを実行していけばいいと考えています。しかし、天の王すなわち宇宙の法則や、地の王すなわち宇宙の叡智や豊かさ、そして宇宙の愛をはっきりわかっていなければ、あなた方の足場、すなわち、生きていく中での基礎がわからないということになるのです。

生きていく基礎がわからないということは、地図や方位磁石を持たずに、ただやみくもに森の中に入っていくようなものなのです。

そんなことでは、あなた方が目指そうとする場所に辿り着けず、それ以前に、どこへ行ったらよいのかもわからず、ただ右往左往しているだけの人生となることでしょう。

あなたは、この地球に何をするために降り立ったのですか?

それも、今この時にこの日本に存在し、生きている尊い意味を知らずして、自分の役割を知ることは困難なことでしょう。

あなたは、勇気ある魂を持った黄金のライオンなのです。

もう一度言います。あなたのポテンシャルが黄金のライオンであり、勇気ある魂を持ち、無限の可能性を秘めた存在なのです。

にわかには信じがたいかもしれませんが、この広大な愛溢れる宇宙を信じるのです。

あなたの存在を信じるのです。そして、自分を愛するのです。

知識社会の終焉が来ている／インスピレーションに従うのが本来の生き方

ひふみ神示のメッセージでは、さまざまなところで、今までの知識は「変わりたい、進化していきたい」と思っていることを阻《はば》んでしまう要因だと伝えています。

ひふみ神示で言われている知識というのは、私たちの頭で考えることの限界を伝えているのだと感じています。現代人は、頭で考えるトレーニングを強《し》いられてきました。

私自身に置き換えて考えてみますと、看護師という職業も相まって、「PDCAサイクル」（Plan〔計画〕→Do〔実行〕→Check〔評価〕→Action〔改善〕）を学生の頃から叩き込まれてきました。その思考回路が身についてしまっていて、無意識にごく自然にそのシステムが頭の中で動いてしまうのです。そのような方々も多いのではないでしょうか。そして、自分が何か行動を起こす時、必ず理由づけが必要だと思い込んでいます。しかし、日々のインスピレーションは理由なくやってくるのです。

先日私が体験したことですが、スーパーで買い物をしている時に急に「パンが必要！」とインスピレーションがやってきました。しかし、私の食生活の中では、パンは必要ないのです。朝はフレッシュフルーツジュースで、昼夜も玄米食がベースです。私がインスピレーションでパンを手にした時、一緒にいた主人から「それ、何に使うの？」という質問が来ました。私は主人の質問に答えることができず、理由がわからなかったので、パンを買わずに帰宅しました。

そして、晩御飯の支度の時間です。初チャレンジのスペインのスープ「ガスパチョ」を作ろうとレシピを見た時にあ然としました。ガスパチョには、パンが必要だったのです。

私は、この経験から、今度からは理由がなくてもインスピレーションに従うと強くコミットしました。主人にそのことを伝えると、「俺は、また理由を聞くと思うけど、その時にそのまま言ってくれたらいいのでは」と言います。まさしくその通りです。理由のないインスピレーションやハートに従って行動していくのが、本来の私たちの生き方なのだと思います。

そして、頭で考えることから離れるために必要なのは、感性を磨くことを日常の中で心がけていくことだと思います。そして、内観していくことも必要になってくるでしょう。

そのようにしていった中で、現在の私は「今」必要な宇宙からのメッセージ、情報を降ろすことを学んでいます。

私は魔法の学校Ⓡを開催していますが、アシュタールや創造主やジーザスなどの光の存在のサポートを受け、受講される方々のエネルギーや必要なタイミングに合わせて、その時に降りてくる情報通りに講義を進めていくこともありました。その時は、参加された方々がそれぞれ脱皮する時期で、変容・変化のタイミングだったのです。

あなた自身が宇宙のメッセージをキャッチしようとした時に頭が活動してしまうと、キャッチしにくくなるかもしれません。同じメッセージをキャッチしても、既存の知識が邪魔をして、真実のメッセージと相違してしまうこともあるでしょう。

重要なのは、あなた自身を解放してあげること、自由な思考にしてあげることだと思います。

[極め之巻　第二帖]
青玉の水江の玉ゆいよよ栄えむ。天地咲《ゑ》む神の礼白臣《いやしろおみ》の礼白《いやしろ》、天《あま》つ神の寿言《よごと》のままに八十《やそ》岩明けぬ。守護神をよく致せば肉体もよくなるぞ。神の道は一本道であるから、多くに見えても終わりは一つになるのぢゃ、今が終わりの一本道に入るところ、この道に入れば新しき代は目の前、

神も今まではテンデンバラバラでありたなれど、今に一つにならねばならぬことに、天が命じているのであるぞ。人民の中と外も同様ぞ。今の人民はマコトが足らんから、マコトを申しても耳に入らんなれど、今度は神が人民にうつりて、また人民となりてマコトの花を咲かす仕組、同じことを百年も続けてクドウ申すと人民は申すなれど、わからんから申しているのであるぞ。

〈宇宙訳〉

神聖なるコミュニケーションのもとで結ばれた人々は、いよいよ繁栄していくでしょう。宇宙も地球もほほ笑み、神聖なエネルギーが宿った場所や、そこに住む人々にも神聖なエネルギーが宿るでしょう。宇宙からの祝福のメッセージが届き、最終的にはあなた方が目指す岩戸が開いていくでしょう。

宇宙に存在しているあなた自身の魂と共鳴していったのであれば、あなたの肉体もよくなっていくでしょう。肉体は、あなたの大親友であり、あなたの思い癖や行く方向が間違っていることを教えてくれる存在なのです。あなたがその存在に耳を傾けて、あなた自身を改善していく道を歩めば、肉体はあなたに告げるメッセージがなくなり、肉体があなたに発する役割もなくなるのです。よって、肉体は元の健康な状態へ戻っていくのです。

光の道は一本の道なので、多くあるように見えても最終の道は一つになるのです。今がその最終の一本道に入るところなのです。この道を歩みだしたのであれば、新しい光の世界へ辿り着くのももうすぐなのです。

光の存在も今までは各々ばらばらであったのですが、一つの方向を目指していく時が来ているのだと、私（創造主）が伝えているのです。それは宇宙の流れでもあるのです。

あなた方の内側と外側も同様です。現在のあなた方は真実と繋がることができていない人が多いので、真実の話を伝えても耳に入らない人もいると思います。

自分の頭で考えて知識がすべてだと思い込んでいるのです。そして、自分には知識が不足しているからわからないのだと結論づけてしまうのです。知識が豊富であれば理解できるという思い込みの鋳型を手放しましょう。

今のあなた方の世界では、知識が多いのは偉いと錯覚し、物事を自分のハートで見極めようとしていないのです。今後は光の存在たちがあなた方の肉体に入り、あるいは、あなた方のように肉体を持って誕生して、真実は何かを知らせる予定でいるのです。

あなた方は、同じことを１００年前からくどくど伝え続けていると言いますが、あなた方が理解されないのでお伝えしているのです。しかし、ようやく真実を理解できる人々が増えてきました。

あなたの癖を見破って解放すれば、豊かさが流れてくる

癖はいくつになっても直るものだそうです。アシュタールは、「癖を癖と見破ることで、ほぼその癖は手放したと同然なのです」といつも言っています。私たちの過去世の因縁のようなものは引きずりませんが、魂の癖は肉体が朽ちても引き続いていくようです。

どうせなら、早いうちに直したほうがいいですよね。そうすることで、エネルギーの流れがよくなって、あなたのところにみるみる豊かさが流れてくるのです。

頭で考える癖や自分でジャッジしてしまう癖、決断を遅らせる癖、自分に完璧を求める癖、理想の自分にならねば自分を許さない癖……など、いろいろな癖を発見したら、まず私たちのとる行動は、「気づかせてくれてありがとう」と感謝をして、どんどん手放していきましょう。

そうしていく中で、あなたの魂が瞬く間《またた》に軽くなっていくのを感じるでしょう。

〔極め之巻　第十二帖〕

口先ばかりで、その場限りでうまいこと申して御座るが、それは悪の花、心と行が伴わんから

ぢゃ、己《おのれ》自身の戦《いくさ》が終わっていないからであるぞ。そなたの持つ悪いクセを直して下されよ、それが御神業ぢゃ。神々様も自分のクセを直すために御苦労なさっているぞ、そのために生長する。昨日の自分であってはならんぞ。六十の手習いで止まってはならん、死ぬまで、死んでも手習いお互いに拝《おろが》めよ、拝むとすべてが自分となる、拝むところへ集まって来て弥栄ぢゃ。

〈宇宙訳〉

いまだに口先ばかりで、その場限りのうまいことを言っている人がいますが、それはその人にとってはネガティブな波動を生む行為なのです。自分自身の心をどう受け止めればいいのか、本当の自分の心がつかみ取れていないのです。そのために自分がどう行動していけばいいのかが、わからなくなっているのです。

その現象は、あなた自身の中で本当の自分との対話ができていないことから起こるのです。

本当の自分と対話するには、あなたが心を鎮め、あなたが気分のよくなる環境に身を置くことです。そして大きく呼吸して、リラックスをした状態で自分に問うのです。

本当の自分は、どうしてほしいと思っているのか。

本当の自分はどのような状態に歓びを感じるのか。

本当の自分はどのような人間になりたいと思っているのか。

そうすれば、あなたの思い癖が浮き上がってくることでしょう。

その思い癖を直すことで、あなたの日々のエネルギーの流れがよくなり、あなたが発するエネルギーも波動もよい方向へと働くでしょう。

癖を癖と見破った時、もうその癖をクリアできたとほぼ同じなのです。癖を持ったあなた自身にしがみつくのではなく、どんどん癖を見破り、解放してあげましょう。

それが神聖なあなたを取り戻す道でもあるのです。光の存在たちも自分の癖を直そうと取り組んでいるのです。その取り組みをすることで自分の魂の成長があるのです。昨日の自分より今日の自分、今日の自分より明日の自分へとどんどん成長を進めているのです。

自分はすでに60歳だから、80歳だからと成長することを止めるのではないのです。

肉体が朽ちた後も成長は続くのです。いいえ、続けるのです。

お互いに観察するのです。観察しあうとすべてが自分のこととして見えてくるのです。あなたが相手を見て気づくのは、あなたがその部分に共鳴しているということ。つまり、あなたの中に、その同じ癖が存在しているということなのです。

お互いに観察しあうとたくさんの癖が見えてくるので、繁栄へと繋がるのでしょう。

平面的な思考を崩壊させ、立体的に物事を見る視点を手に入れる

ここで伝えたい最も重要な内容は、この地球上で私たちがいろいろな物事をジャッジしても、それは宇宙の真実と違っているということです。

平面的なものの捉え方が、そのようなジャッジを招いてしまっている原因のようです。同じものを平面的に捉えている間は、真実が見えてきません。高い木に登れば遠くが見え、視野が広がります。そして、同じものでも、１８０度回って違う方向から眺めてみると、違う形で見えることがあります。

魔法の学校Ⓡ基礎コースを受講されている方から、「では、実際に私たちはどうすれば立体的に物事が見えるのですか？　意識を高くするにはどうすればよいのですか？」というご質問がありました。

それにはまず、今の自分の考えを否定してみることからはじまるようです。

自分と対極にある方の意見を聞いてみる、あるいは、その立場になっている自分を考えてみるのです。感情的に相手の立場になりたくないと思う時もあるかもしれませんが、まずはその立場にな

ってみることが必要なのかもしれません。それは決して相手の意見を認めるということではなく、試しに一度考えてみるということだと思います。相手に迎合《げいごう》してしまうのではないかという恐怖を持つ方もいるかもしれませんが、決してそうではないのです。あなたの器を拡大させるために、つまり魂の成長のために、あなたにとって必要なことなのです。

平面的な視点は、いかに愚かなことなのか、ひふみ神示は、さまざまな側面から伝えてくれているようです。

［極め之巻　第十四帖］

正しくないものが正しい方に従はねばならんと人民申して御座るなれど、正とか不正とか申す平面的衣を早う脱いで下されよ。マコトを衣として下されよ、マコトを衣にするには心がマコトとなりなりて、マコトの肉体とならねばならん、マコトとは数《かず》ぢゃ、言《こと》ぢゃ、色ぢゃ、その配列、順序、法則ぞ。

〈宇宙訳〉

あなた方は、正しくない人は正しい人に従わないといけないと言っていますが、正しいとか正しくないというものを計るために平面的に考えることを手放したほうがよいでしょう。

同じことを立体的に見てみると真実が浮き彫りになってくるでしょう。真実を見極めるには、さまざまな方面から物事を見て、立体的に捉えるスケールを持つことです。立体的なスケールを手にするには、あなたの心が真実のあなたと共鳴していることが重要です。真実のあなたと共鳴すると、自然と真実の肉体となっていくのです。

真実とは数字で表すことができるのです。

真実とは言葉で伝えることができるのです。

真実とは色で表現され、その配列は順序で証明されます。それが宇宙の法則なのです。

［至恩之巻　第八帖］

ナギ、ナミ夫婦神は八分通り国土を生み育てられたが、火の神を生み給いてナミの神は去りましたのであるぞ。物質偏重《へんちょう》の世はやがて去るべき宿命にあるぞ、心得なされよ。ナミの神はやがて九と十の世界に住みつかれたのであるぞ。妻神に去られたナギの神は一人でモノを生むことの無理であることを知り給い、妻神を訪れ給い、相談されたのであるなれど、話が途中からコジレてついに別々に住み給うこととなり、コトドを見立てられて千引《ちびき》の岩戸を閉め、両神の交流、歓喜、弥栄は中絶したのであるぞ。

〈宇宙訳〉

この地球の国土を拡大していった光の存在たちは、八割まで国土を誕生させ、育んできたのですが、火をつかさどる光の存在を生んだ後、女神はこの地球上から去っていったのです。火というものは、物質界であるが故に存在するものなのです。それを誕生させた女神が地球から去っていったということは、この国土の拡大成長の度合いが半減したとも言えるのです。その当時から、物質のみに偏《かたよ》った、あなた方の生活を見直す時がやってきているのです。

その女神は、やがて光の世界に住みつきました。妻に去られた神は、一人で国土を拡大成長させていくことは無理があると知って、妻である女神が住む世界を訪れて相談したのですが、話が途中でこじれて、ついに別々の世界で住むことになったのです。

妻との縁が切れたと判断をして、その女神とその神が行き来ができないように千引の岩戸を閉めたのです。その時に神と女神の歓喜や繁栄は中断したのです。

私たちは、魂の成長拡大のために地球へ多様性を学びに来た

私たちがこの地球に来た目的はさまざまにあると思いますが、その目的の一つが自分の魂の成長拡大をすることです。魂の成長拡大をするために、この惑星で多様性を学びに来たようです。多様性を学ぶというのは、自分の許容できる枠を広げる働きがあるのです。つまり、自分の器が大きくなるということなのです。これをするためには、制限や自己ルールが多ければ多いほど、困難になるでしょう。多様性を学ぶ準備として、自由な感性が必要なのです。

「私は、こうすべきだと思う」「私は、こうあるべきだと思う」「あれは、だめ」などという思考であなたを縛る時代は、もう終わったのです。

このようなセリフがあなたの口から出た時は、手放すものが見つかったと喜んで、その思考をどんどん手放していきましょう。

その準備が整ったら、自分とは違った考え方や生き方をしている人々にフォーカスしていくことで、見えてくる世界が変化していくでしょう。

そうなることで、すべてを許せる自分になれるのです。もちろん、自分自身を許すことができる

ようになるでしょう。すると、あなた自身のエネルギーの流れが実に心地よく爽快に流れ出すのを体験できると思います。

先日、長男と話をしていた内容です。

長男は、とても柔軟な考え方をしている子です。その彼が「みんな、いろいろ他の人に腹が立つって言っているのを聞くけれど、自分もそんなにできていないし、他人は他人、自分は自分で、それぞれ違って当たり前だから、そう考えると、ほとんどの出来事は許せると思う」と言っていました。私は、今後の世界では、その考えが最も必要になること、そして、それを広めていくことが重要だと彼に伝えました。

［至恩之巻　第十二帖］

わからんと申すのは一面しか見えぬことであるぞ、双方を見る目に、早う改心致してくれよ。この白黒まだらな時は長くつづかん、最も苦しいのは一年と半年、半年と一年であるぞ、死んでからまた甦られるように死んで下されよ、マコトを心に刻みつけておりて下されよ。

〈宇宙訳〉

わからないというのは一面しか見ていない証拠です。物事にはさまざまな側面が存在しているということに気づきましょう。そして、あなた自身がいつも一面しか見ないのではなく、多方面から物事を見るように改善してみましょう。

あなたと対極に位置している人の立場に立って、一度その方面から見てみましょう。あなたの思考を違う側面に変えてみましょう。

あなたは、この地球に降り立つ時に、あなたの魂の成長拡大を目指してきました。なぜならば、あなたの魂の成長拡大は、あなたの宇宙の親である創造主の魂の成長拡大に貢献できることを知っていたのです。あなたは、この地球に降り立つ時に、宇宙での記憶をなくすことを選択しました。そして、あなたの能力に蓋をすることを決心しました。あなたはそこまでして、この地球で魂の成長拡大をすることにフォーカスしていたのです。

この地球に降り立ち、あなた方の魂の成長拡大をするためのもう一つの方法は、あなたのキャパシティを拡大することなのです。つまり、あなたが今まで受け入れられなかった思考・人・物事を受け入れられるようにしていくことなのです。許すという行為は、これにあてはまる一つの方法でしょう。とにかく、すべてにおいて、できる限りOKを出していくのです。

白と黒というような二極性が混在している時代は長くは続かないでしょう。最も苦しいのは、一年あるいは半年です。あなた方が波動を調整してポジティブな未来を創造したのならば、苦しい期間は減少し、移行期へと続くことになるでしょう。

あなた方は、自分の人生を創造していける存在なのです。真実を心に刻みつけ、ポジティブな未来を創造していきましょう。

今後のパートナーシップのあり方／ソウルパートナーがわかるワーク

パートナーシップが成功している人々は、安定した基盤の上に立っている証明のようなものです。それぞれが自立・自律していて、相手の力をあてにしていない状態なのです。つまり、パートナーシップが成功しているのは、双方が創造主と共鳴できているということです。

そのような方々は、自分の人生での役割を実践されていて、双方が一緒にいることで自分たちのミッションに向かって同じベクトルで協力しあいながら進んでいけるのです。つまり、共同創造できる相手なのです。

ネガティブに観点をおいている方は、日常生活がいい気分ではないと思います。そのような人に宇宙の波動の法則を当てはめると、同じような方が惹き寄せられてくるのです。いい気分でない人ばかりが周囲に多い方は、ご自分の思考を見つめなおすことをお勧めします。

そして、自分は何か欠落したところがある、何か足りない、その欠落した足りない所を自分以外の誰かに埋めてもらおうという目的でパートナーを探しても、その不安や欠落を大きく膨らませる人を惹き寄せてしまうだけなのです。

多くの人は、気分が悪い時、その気分の悪い部分を他の人に癒してもらおうと行動をしますが、気分の悪さを解消するのを自分以外に求めても、ポジティブな未来は待っていません。

気分の悪い部分を解消させるのは、あなた自身の仕事なのです。まず、気分がよくなるように自分に働きかけて、気分がよくなってから行動を起こすことが、素敵なパートナーと出逢うポイントのようです。

現在、すでにパートナーが存在する方も、まず、ご自分の波動を調整してあなたの基盤を安定させることからはじめてみましょう。

あなたを安定させる具体的な方法は、自分がいつでも素敵な気分でいることにフォーカスすることです。それは、自己中心的なことでもなく、いい気分でいられるあなたの存在こそがあなたの周りに貢献できるのだと理解しましょう。

その準備をしてパートナーを惹き寄せたり、現在のパートナーとの関係性を調整していくことが重要なのです。

素敵なパートナーと出逢いたいのであれば、まず、あなたのハートを愛で満たすことからはじめてみましょう。

これからご紹介するワークは、2011年1月22日に創造主から降りてきたワークです。この部分をご紹介するように、と創造主からメッセージがありました。ワークをしてみましょう！

☆レッスン☆

軽く目を閉じ、大きく深く呼吸をしましょう。

両腕を広げて胸いっぱいに愛を送りこむのです。

イメージしにくい方は、ゴールドの光をイメージしましょう。

今、天からゴールドのキラキラ光り輝く光線があなたに向かって降り注いでいます。

澄んだ空気の森の木々をイメージしましょう。その中にあなたがいるのです。

あなたの周りには可愛い小鳥があなたを応援するかのようにさえずっています。

あなたは深呼吸を繰り返すたびに、温かい光に包まれ、温かな気持ちになり、清々しいと感じてきます。

その光景の中から、あなたの名前を呼ぶ声が聞こえてきます。

とっても懐かしい響きに、あなたはハートが愛で満たされていくのを感じています。

その温かさを十分に感じたあなたは感動しています。とても懐かしい温かな感触です。

深呼吸を続けるうちに、あなたの前方に人影を感じるようになります。その人影があなたに近づいてきて、白い光に包まれたシルエットが目の前に浮かんできました。

あなたは、そのシルエットを見て思い出すのです。

はるか遠い昔に出逢っていた人であることを……。

あなたは「やっと出逢えた」と心の中でつぶやきます。

それと同時に、あなたは温かな光に包まれている自分がいることを感じるのです。

その人影は、あなたにメッセージがあるようです。心の耳で聞いてみてください。

心の目で見てください。ハートで感じてみてください。

そして、あなたはわかるのです。この人こそがあなたが探していたパートナーであることを
……。

次に、あなたの頭上から白い光が降り注ぎ、あなたは白いキラキラ輝く光に包まれていきます。

イメージしたり感じてみましょう。

あなたは、愛に溢れ、安心し、高いバイブレーションになっています。

深呼吸を何度か繰り返し、手足を動かします。
あなたのタイミングで結構ですので、瞬《まばた》きしながら目を開けましょう。
あなたは、大きな存在に守られている安心した状態です。

何回もこのレッスンを繰り返していくうちに、あなたはソウルパートナーがわかるようになってきます。

はじめのうちは、わかりづらいかもしれません。

あまり一生懸命になると余計にわからなくなるので、リラックスした状態で行ってください。

忘れないでください。どんな時も大切なのは、リラックスと呼吸を深くすることです。

このレッスンは、はじめのうちは、あなたのハートを愛で満たすことで目的が達成できるのです。

はじめは、あまり人影を感じなくても落ち込む必要はありません。あなたにマッチしたタイミングでわかるようになってくるでしょう。

このレッスンでは、まずは自分自身を整えることが重要だとわかります。

2011年に創造主からメッセージが降りてきて1か月も経たないうちに、他のレッスンも降りてきていました。

まずは、自分を調整して、その後はパートナーとの共鳴の仕方のレッスンへ進んでいくようです。パートナーと深い部分で魂の共鳴をしあうためのいくつかのレッスンが2011年当時のノートに記載されていました。

そのことから私は、新しい光の世界を迎えるためにパートナーシップがどれだけ重要なファクターであるのか、とても深い部分で理解しました。

[極め之巻　第二十帖]

今の学者には今の学しかわからん、それでは今度の岩戸開きの役には立たん、三千世界の岩戸開きであるから、少しでもフトマニに違ってはならんぞ。廻りくどいようなれど、とつぎの道から改めなされよ、出舟の港は夫婦からぢゃと申してあろう、ミトノマグワイでなければ正しき秩序は生まれんぞ、素《ス》盞鳴命《サナルノミコト》が荒ぶる神、悪神ではなく、人民の罪を背負って下さる救い主の大神であることがわからねば、岩戸は開けんぞ。新しき世界の宮は土地であるぞ、住所《すまい》であるぞ、永遠に在《おわ》す神は住む土地であるぞ、下には永遠の腕があるぞ。

〈宇宙訳〉

今の学者は今ある既存の学問しかわからないのです。その知識は、今度の岩戸開きには役に立たないのです。

三千世界の岩戸開き、つまり今までにない宇宙意識を甦らせることなのです。宇宙の時空次元を超えた三千ともいわれる世界を感じることなのです。宇宙の法則に則って進んでいきましょう。

遠回りするように感じるかもしれませんが、淡路をスタート地点として改めていくのです。

世界の中心、スタート地点は淡路からです。これは、宇宙の法則なのです。

あなた方の人生の船出をする港は、夫婦からスタートなのです。

お互いに自立した者同士が育むパートナーシップがあってこそ、この地球の役割を担っていけるのです。


その者たちは男性性と女性性のバランスがとれており、この地球に降り立った自らの役割を協力しあいながら、同じベクトルに進んでいけるからなのです。

そこでは1＋1は2ではなく、無限のエネルギーが生まれるのです。

男性性と女性性の統合がなされているカップルは、日本古代の巫女と審神者《さにわ》の役割を果たしているのです。

パートナーとして融合する時、男性性が地球としっかり繋がる役割をして、女性性が宇宙とのアンテナの役割を果たして、宇宙のメッセージが降ろされます。

それはすなわち、双方の協力により、真実の宇宙のメッセージを降ろすことができているとみなせるのです。

宇宙の真実のメッセージから、新しき地球の道理が理解され、育まれていくことでしょう。


宇宙の法則に則っていかなければ、真実の正しい秩序は生まれないのです。


正しい秩序をあなた方の世界に導いたのがスサノオなのです。

スサノオは荒ぶる神でも悪神でもないのです。地球に住む人々の罪を一身に背負ってくれている尊い神なのです。そのことに感謝しましょう。そこに、真の光の世界が見えてくることでしょう。

あなたが今いる場所が、天国となっていくのです。

あなたがいるその土地、そして住まいが天国となっていくことでしょう。

そこには、永遠に宇宙からの光が降り続けることでしょう。

夫婦はチーム
家族もチーム
「初めまして」のメンバーか
「ひさしぶりー」の
メンバーか
組んでたのは
いつだっけ？
のメンバーか

2013.5

おわりに

2013年は、みなさんの意識が急激に変わる時だとアシュタールは伝えてきていました。

そして、2017年に移行するまでに多くの方々の意識が急激に変化してこられました。

混沌とした社会、経済がよくなったと見せかけて、実はとても深い闇の中に入っていこうとしている政治。その仕組みは誰のためによいのかを突き詰めると他国であったり、個人の利権であったりしているのです。

そういう現実を見ていると、この政治を選択してしまった日本人はなんて愚かなのだろうと嘆いている人も少なくないようです。

この現実の中で、ひふみ神示のいう「ミロクの世」は本当に実現するのでしょうか？

疑いや不安の気持ちが浮き出てきそうになる方も少なくないのではないでしょうか。

どのような世界が「ミロクの世」であるのでしょうか？

多くの方は、「もうわかったよ。じゃあ、次に自分たちはどうしていけばいいんだ？」というところをお知りになりたいのではないでしょうか?

私が風の巻を翻訳している途中から、おじいちゃんアシュタールが翻訳をサポートしてくれました。

抽象度が高いところは創造主が、そして、とても3次元的に現代この地球で起こっていることを踏まえて、具体的な事柄を翻訳する時には、おじいちゃんアシュタールが「ホホホホホ~ようやく私の出番じゃなぁ~」と言いながら久しぶりに登場してくれました。

そして、どんな企業が栄えていくのか、どのような経営者のもとで働けば今後の世界を担う協力者となっていけるのかを具体的に教えてくれました。

その内容をキャッチした私自身が「えっ! そんなこと言っていいの?」というくらい、具体的な名前が出てきました。実名はお出ししないほうがよいと感じたので記載していません。

私は普段は全くテレビを見ないのですが、先日たまたま久しぶりにテレビ番組を見る機会がありました。相変わらず質の低い番組が、公共の電波に乗って各家庭にだらだらと垂れ流すように放映されているのを目にして、呆《あき》れていました。しかしその一方で、番組の合間に流れるさまざまなCMの質が非常に高いことに気がつきました。たった30秒ほどの時間に、美しい映像あり、名演技あり、ビッグスターが出ていたり、コント調のものもあったり、見事に記憶に残るインパクトの強い言葉などもあったり、その完成度の高さは素晴らしく、番組の質の低さに比べてこの質の高さはどうしたものかと思いました。

そしてそう感じた時に、私は重大な勘違いをしていることに気がつきました。そうなんです。実は、テレビの主役はCMなんですよね。ついつい主役は番組だと勘違いしてしまいがちですが、番組はCMを見てもらうための脇役にすぎないのですよね。だって、スポンサーは、CMを運用している企業なのですから、それで番組の質よりも断然CMの質が高いことに納得してしまいました。

私たちは長い間、そのような根本的な誤解のもとに、テレビの影響を受けてきたと思います（今も受けている人も多いですが）。

いくら報道とはいえCMの脇役にしかすぎないテレビ番組に、真実の究明を求めることは根本的に間違っているんですね。営利を目的にした民間企業が、営利に基づいて動くことは至極健全な話で、真実の報道が目的ではないのです。にもかかわらず、多くの方々は番組で識者といわれる人が語っているのを聞いたりしたら、全面的に信用してしまいますよね。そうしてマスコミに情報収集を全面的に依存して、さらに、もしかしたら価値判断や意思決定権まで渡してしまっている人も多いかもしれません。

政治や官僚、あるいは大企業などについても、ある意味このマスコミの例と同じことがいえるかもしれません。権威や権力があるほど、また組織や仕組み（システム）が大きいほど、この根本的な誤解を生み出す傾向は顕著であるように思います。

立派な組織やシステムがあり、優秀な人たちが考えているのだから、あるいはこう言っているのだから、きっとこうに違いないと信じてしまう。また、一度不信を抱いても、コロコロと子供騙しのように手を変え品を変えられているうちに、また簡単に騙されてしまうようなことが起きてはいないでしょうか。個人的には違和感を感じながらも、政治家や官僚やマスコミが騒ぐのだから、そうに違いないと誘導されつつ意思決定してきた結果が今日《こんにち》の惨状ではないでしょうか。

病気を治してくれると思っていたドクターは、実は病気を作りだすことに熱心かもしれません。さもないと自分たちは経済的に回っていかないのですから。役所の人たちは、いかに自分たちの仕事に存在価値があるかということが示せなければ、やがて高いお給料をもらえなくなるでしょう。同じように政治的困難や対立は、強いリーダーシップを見せつける絶好の機会となります。なぜならば、みんながどうすればいいのか不安になり、混乱している時こそ、先ほどのテレビ番組のように意思決定してくれる強いものを求める気持ちが起こるからです。そのような本来あるべき価値から外れた方向に向かいやすいのが、現代社会の状況であり、より一層混迷を深めていくであろう、今の日本の状況ではないでしょうか。

国内には他国の意向（あるいは他国の意向を利用することにメリットのある人）や、経済的な理由で動かざるを得ない人たちばかりが目立ち、本当に人々のために、価値のあることのために働く人々が社会の片隅に追いやられているように思えて仕方がありません。今の日本は、どんどん混乱を深める方向に突き進む大変な時代になってしまいました。

では、どうすればよいのでしょうか。

これをお読みの賢明なみなさま方は、もうお気づきですよね。
今までの常識に執着せずに手放し、自分自身に関わる価値の判断や意思の決定を自分で考え、自分で感じることが大事ではないでしょうか。

先ほど述べました例は、何もこれはドクターや役所勤めの人に限った話ではありません。何らかの仕事をしてお金を稼ぐほとんどの方が、一度は陥るジレンマではないでしょうか。その時にお金が豊かさのすべてであると勘違いしていると、仕事や物の正当価値よりも、得られるお金の多いか少ないかで価値を決めてしまいがちです。これも今までの常識であり、固定観念だと思います。

自分の価値をお金で量られていることから解放されるためには、まず自分自身が自分の価値、豊かさを認めてあげて、既存の価値判断を上手に手放していくことが重要だと思うのです。社会全体が、ひいては地球全体が本来あるべき姿になるために……。

社会がこうだから、政治がああだからと、責任を自分の外に置き、自分は蚊帳《かや》の外でとても受身な思考を持ち続けている限り、その人の人生は変わらないでしょう。あなたは、何をするために今、この日本に存在しているのですか。

あなたが希望して、今のこの時に日本に誕生することを望んで地上に降り立ったのではないですか。

今、私たちがこの日本に誕生していることは、イコール大きな役割を自ら志願してきていることであるのは、明々白々なのです。イメージしてみてください。砂浜にある砂にあなたの親指を差し入れて爪の上に残った砂の数ほどの確率で私たちは、ここに存在しているのです。

イメージできた方は、おわかりだと思います。私たちはとても幸運の持ち主であることを、そして、この日本に生まれて、存在しているだけで素晴らしいことなのだ、ということをです。

宇宙は、一瞬一瞬で動いています。宇宙の視点で見ると、「もうどうにもならない」という現実は存在しないのです。「もうどうにもならない」とその場から抜け出そうとしないあなたが存在しているだけなのです。直接的に言えば、あなたは、今のあなたの環境が好きだからそこに留まっているのです。

今の環境を変えたければ、あなた自身が立ち上がるしかないのです。立ち上がると言っても、古い自分にさよならをして、本来のあなたに戻ることをあなた自身に許可をする、ただこれだけなのです。

次にあなた自身の波動を調整して、あなたの望むパーフェクトなあなたの像を創造するのです。そうすれば、わくわくして、もしかすると一人でにやりと笑っているあなたがいるかもしれません。

私は社会の現状を横目でみながらも、そのネガティブエネルギーに巻き込まれず、ポジティブエネルギーで未来を自分たちで創造するのだという強い波動を出すことを継続していきたいと思っています。

そして、その渦に巻き込まれてしまう人がいるかもしれないその時に、未来は明るいのだ、波動がすべてを動かしていくのだということを信じて着実に実現していく方法を習得していただきたいと願い、今回の内容となりました。

それはどこか遠くの幻想の世界で起こっているのではありません。現実に地に足をつけた状態で、なおかつ、意識の波動を宇宙に共鳴させて、現実を着実にポジティブへと変化させていくことができるのです。みなさんがそれぞれ自分軸を構築していっていただけたのならば、きっと、あなたがあなたらしく生きていける素晴らしい時代へと移り変わっていくことでしょう。

2013年1月、沖縄に魔法の学校Ⓡの光エネルギーを降ろしにいく飛行機の中でおじいちゃんアシュタールが久しぶりにメッセージをくれ、その後、マスタークリエイターからは、日本のみなさんの意識変化に貢献する目的で、次は7月に出版するようにメッセージが来ました。そのメッセージをキャッチした時に、私は、しばらくわくわくがおさまりませんでした。

このひふみ神示の内容がみなさんの意識の変化のきっかけとなってくださったのであれば、こんな嬉しいことはありません。

そして、末尾になりましたが、この書籍を手にとってくださっているみなさまが、パーフェクトに望む人生を歩まんことを心から願っています。ありがとうございました。

2017年8月　吉日

宇咲　愛

宇咲 愛　うさき あい
外科・救急外来・産婦人科病棟・内科などで看護師の経験を積んだ後、十数年にわたり看護部長、施設長など管理職を務める。介護予防や自立支援にも積極的に取り組み、その先進的な活動は、新聞やテレビ、医療専門誌でも取り上げられて話題となる。ある時、自分の内なる女神と出逢ったことをきっかけに、さまざまな形で「宇宙の法則」のすごさを体験するようになる。その経験から、誰でも自分自身の軸で宇宙とつながり、本来の輝きを取り戻せることを確信。2011年、自らの子宮筋腫をアファメーションで完治させた後に11次元のアセンデッドマスター・アシュタールと再会し、地球上で26名、日本人ではただ一人のアシュタール公式チャネラーだと判明。2012年、アシュタール監修のもと「魔法の学校®」を開校。執筆活動や宇宙の法則を伝えることにより「魂の自立」を推進。参加者がキラッキラに輝くことを目指して、イベントや活動を行っている。
著書に『アシュタール×ひふみ神示』『魔法の学校　完全版』(以上、ヒカルランド)、『「ありのまま」で願いが叶う「魔法の法則」』(PHP 研究所) がある。
ブログ　http://ameblo.jp/shinelight/

本書は、2013年8月ヒカルランドより刊行された『アシュタール×ひふみ神示2』の新装版となります。

アシュタールメソッド

[新装版]アシュタール×ひふみ神示2

第一刷 2017年10月31日

著者 宇咲 愛

発行人 石井健資
発行所 株式会社ヒカルランド
〒162-0821 東京都新宿区津久戸町3-11 TH1ビル6F
電話 03-6265-0852 ファックス 03-6265-0853
http://www.hikaruland.co.jp info@hikaruland.co.jp
振替 00180-8-496587
本文・カバー・製本 中央精版印刷株式会社
DTP 株式会社キャップス
編集担当 後藤美和子

ISBN978-4-86471-578-2

在は「見えないものを見る力」を活かして人生相談や情報提供などの活動を行っている長典男さんによって、**実際に身につける方に必要な情報をリーディングし、エネルギーを調整**して届けられます。身につけているだけで、邪気からも身を護り、その人が本来の進むべき道を歩むようにサポートしてくれます。

北投石ブレスレット「HOKUTO」（パール）

控えめな輝きを放つ、美しいパール加工を施しました。デザイン性を重視して身につけたい方にオススメです。

北投石ブレスレット「HOKUTO」（ノーマル）

パールタイプに比べ、放射線量・イオン放出量が10〜20％アップ。健康を第一に考える方にオススメです。

パール・ノーマル共通価格

■ 北投石21玉＋水晶１玉（全長約15㎝）27,800円（税込）

■ 北投石24玉＋水晶１玉（全長約17㎝）28,800円（税込）

■ オプション　サイズ調整用北投石１玉（約５㎜）540円（税込）

大きなサイズをご希望の方に。ご使用になられる方のサイズをご確認のうえ、必要な個数をご注文ください。

例：手首まわり20㎝の場合…17㎝ブレスレット＋サイズ調整用北投石６玉

● 素材：台湾産北投石、ヒマラヤ産水晶

※ご注文を受けてからの製作になりますので、お届けまでに約２～３週間お時間をいただきます。

※サイズ調整用北投石は、ブレスレットオーダー時のオプションです。単体でのご注文はお受けできません。

※ご購入の際は、ご使用になられる方のお名前・ご住所をお伝えください。ご家族やご友人用にご購入の際は、使用者の情報をご用意ください。

【お問い合わせ先】ヒカルランドパーク

人気ブロガー滝沢泰平さんプロデュース
完全オーダーメイドのお護りブレスレット

八ヶ岳南麓を拠点に未来型の村と自給自足できる社会づくりを目指し活動している滝沢泰平さんプロデュースによるブレスレット「HOKUTO」。
単なるアクセサリーではなく、自然放射線によるホルミシス効果を持ち、肉体レベルにもきちんと作用する新しい時代のブレスレットに仕上がっており、霊的にも護りの効果を放ちます。

【特長1】健康をサポートする鉱石・北投石

このブレスレットに採用している北投石は、世界で日本と台湾でしか見つかっていない、微弱放射線を放つ希少なラジウム鉱石です。**細胞の活性化や免疫力の向上**を促し、美容、健康、老化防止に役立つと言われています。また、**遠赤外線やマイナスイオンを放出**し、世界中の健康志向の人々から注目を集めています。日本では特別天然記念物に指定され、現在は採掘できないため、台湾産の北投石を使用していますが、不純物が少なく品質の保証されたものを使用しています。

【特長2】高エネルギーのヒマラヤ水晶と フラワー・オブ・ライフの刻印

ワンポイントにはガーネッシュヒマール産のヒマラヤ水晶を組み合わせました。最高品種とされ、**世界中のヒーラーにも絶大な人気を誇るエネルギーの高いもの**です。

この水晶にすべての創造パターンと言われる"フラワー・オブ・ライフ"を刻印。この模様や形にはエネルギーがあり、見ているだけでも人の意識の変化に影響を与えることが知られています。さらに、すべての生き物のあらゆる側面が内包され、人類の身体の中にも深く刻まれていると言われています。

【特長3】長典男さん最終調整

HOKUTO ブレスレットは、高野山の真言宗金剛峯寺派僧侶として修業し、現

《みらくる Shopping & Healing》とは

◉ **リフレッシュ**

◉ **疲労回復**

◉ **免疫アップ**

など健康増進を目的としたヒーリングルーム

一番の特徴は、この Healing ルーム自体が、自然の生命活性エネルギーと肉体との交流を目的として創られていることです。
私たちの生活の周りに多くの木材が使われていますが、そのどれもが高温乾燥・薬剤塗布により微生物がいないため、本来もっているはずの薬効を封じられているものばかりです。

《みらくる Shopping & Healing》では、45℃のほどよい環境で、木材で作られた乾燥室でやさしくじっくり乾燥させた日本の杉材を床、壁面に使用しています。微生物が生きたままの杉材によって、部屋に居ながらにして森林浴が体感できます。
さらに従来のエアコンとはまったく異なるコンセプトで作られた特製の光冷暖房器を採用。この光冷暖房器は部屋全体に施された漆喰《しっくい》との共鳴反応によって、自然そのもののような心地よさを再現するものです。つまり、ここに来て、ここに居るだけで
1. リフレッシュ　2. 疲労回復　3. 免疫アップになるのです。

気軽に参加できて特典いっぱいの『みらくるで遊ぼう！ お茶会』やオラクルカードリーディングなども開催して（遊んで）います。お気軽にご参加ください。

神楽坂ヒカルランド みらくる Shopping & Healing
〒162-0805　東京都新宿区矢来町111番地
地下鉄東西線神楽坂駅２番出口より徒歩２分
TEL：03-5579-8948
メール：info@hikarulandmarket.com
営業時間［月・木・金］11：00〜21：00［土・日］11：00〜18：00
（火・水［カミの日］は Shopping and 特別セッションのみ）
※ Healing メニューは予約制、事前のお申込みが必要となります。
ホームページ：http://kagurazakamiracle.com/
ブログ：https://ameblo.jp/hikarulandmiracle/

c．ピアノ即興コース「無条件の愛」
60min.／10,000円
d．「胎児の心音」「大海原」「無条件の愛」
「ジュピター」から選択
120min.／20,000円
e．【２回目以降のお客様限定】
羊水の響きを大好きな音楽でコース
60min.／10,000円

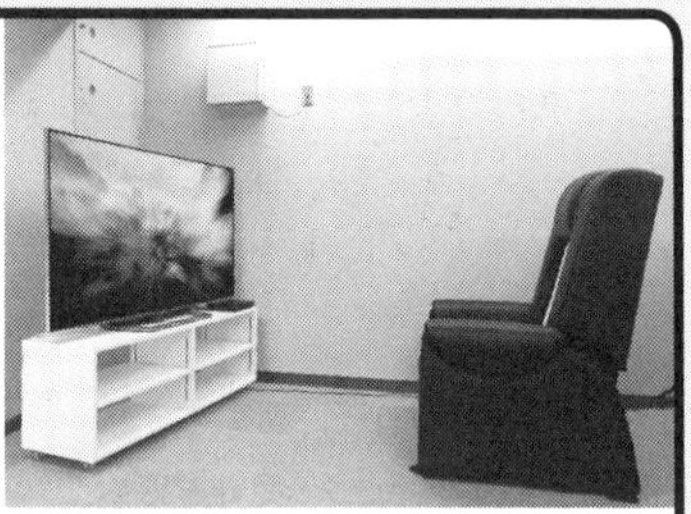

②★銀河波動チェア《星々の響き》

宇宙大自然のエネルギーに満たされて
魂ほっこり深奥のリラクゼーション
時間と空間が織りなす「WAVEのサンクチュアリ」に旅立ち
バラバラになったココロを統合へと導く
神楽坂ヒカルランドみらくるならではの超不思議体験へと誘います！

銀河系400の星々の運行を音に変換し、太陽の発する固有の波長をミックス、さらには地球の鼓動であるシューマン振動数（7.83hz）を加えて出来上がったのがこの《星々の響き》です！　この響きに抱かれて夢幻の領域に旅立てば、あなたの脳、ココロ、カラダは安らぎの中でよみがえり、自律神経が整います！

a．「太陽系テレポーテーションの旅」
60min.／5,000円
b．「a. 太陽系オプションの旅」
(宇宙語VOICEのCDによる15分波動調整付き)
60min.／8,000円

③★《AWG》癒しと回復「血液ハピハピ」の周波数

生命の基板にして英知の起源でもあるソマチッドがよろこびはじける周波数を
カラダに入れることであなたの免疫力回復のプロセスが超加速します！

世界12ヵ国で特許、厚生労働省認可！　日米の医師＆科学者が25年の歳月をかけて、ありとあらゆる疾患に効果がある周波数を特定、治療用に開発された段階的波動発生装置です！
神楽坂ヒカルランドでは、まずはあなたのカラダの全体環境を整えること！　ここに特化・集中した《多機能対応メニュー》を用意しました。

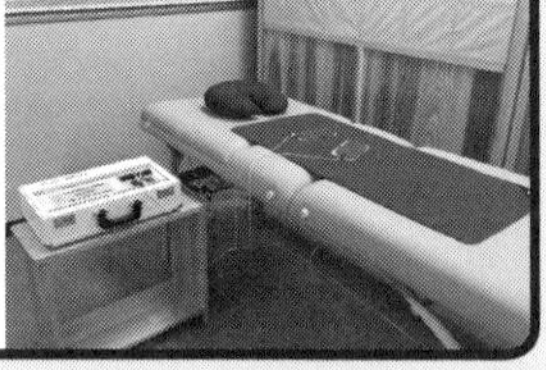

a．「血液ハピハピ＆毒素バイバイコース
(AWGコード003・204)」
60min.／6,000円

神楽坂ヒカルランド
みらくる
Shopping & Healing

神楽坂《みらくる波動》宣言！

神楽坂ヒカルランド「みらくる Shopping & Healing」では、触覚、聴覚、視覚、嗅（きゅう）覚、味覚の五感を研ぎすませることで、健康なシックスセンスの波動へとあなたを導く、これまでにないホリスティックなセルフヒーリングのサロンを目指しています。ヒーリングは総合芸術です。あなたも一緒にヒーリングアーティストになっていきましょう。

神楽坂《みらくる Healing》メニュー

①★音響免疫チェア《羊水の響き》
②★銀河波動チェア《星々の響き》
③★《AWG》癒しと回復「血液ハピハピ」の周波数
④★量子スキャン＆量子セラピー《メタトロン》
⑤★ソマチッド《見てみたい》コース
⑥★磁気不足解消《元気充電マシン》
⑦★脳活性《ブレイン・パワー・トレーナー》
⑧★脳活性《ブレインオン》

①★音響免疫チェア《羊水の響き》

脊髄に羊水の音を響かせて、アンチエイジング！
基礎体温１℃アップで体調不良を吹き飛ばす！
細胞を活性化し、血管の若返りをはかりましょう！

特許1000以上、天才・西堀貞夫氏がその発明人生の中で最も心血を注ぎ込んでいるのがこの音響免疫チェア。その夢は世界中のシアターにこの椅子を設置して、エンターテインメントの中であらゆる病い／不調を一掃すること。椅子に内蔵されたストロー状のファイバーが、羊水の中で胎児が音を聞くのと同じ状態をつくりだすのです！西堀貞夫氏の特製 CD による羊水体験をどうぞお楽しみください。

a．自然音Ａコース「胎児の心音」 60min.／10,000円
b．自然音Ｂコース「大海原」 60min.／10,000円

⑥★磁気不足解消《元気充電マシン》

現代人は地球の磁気不足の影響をもろに受けています。それはコリや痛み、むくみなどのストレスとなってあなたを直撃します！　そんなあなたの細胞に電気パルス信号と磁気をガツンとあてて電圧を正常な状態に誘導します。

『神様からの贈り物コレクション』（ヒカルランド刊）の著者・越山雅代氏が活用して効果をあげているのがこの《元気充電マシン》です！

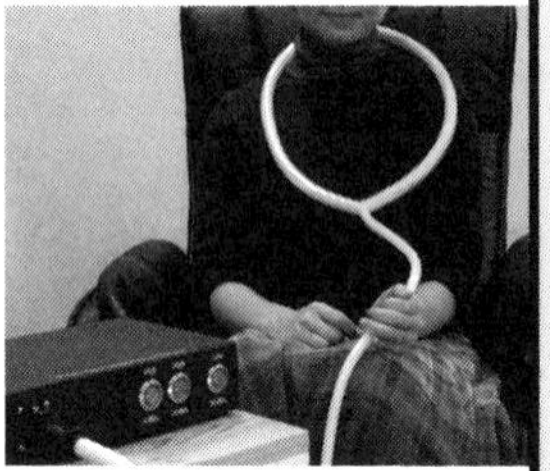

a．まったり♡低パワーコース
15min.／1,500円　30min.／3,000円
b．がっつり！ハイパワーコース
15min.／1,500円　30min.／3,000円

⑦★脳セラピー《ブレイン・パワー・トレーナー》

ストレス脳波をやすらぎ脳「α波」、ひらめき脳「θ波」へ誘導、さらに「151Hz」で97%の人が視力向上！　航空自衛隊でも採用された驚異の実績！
この３つの WAVE を使い分けて脳力 UP ＆脳活性の最強アイテム！　ストレス解消、仕事効率、学力アップにもバツグンの威力を発揮します！

30min.／1,000円　以下のコースの中からお選びください。
a．「4Hz」瞑想、リラックスコース
b．「6Hz」ひらめき、自然治癒力アップコース
c．「8Hz」地球と同化し幸福感にひたるコース
d．「10Hz」ストレス解消コース
e．「13Hz」集中力アップコース
f．「151Hz」眼の疲れスッキリコース

⑧★脳活性《ブレインオン》

聞き流すだけで脳の活動が活性化し、認知症などあらゆる脳障害の予防・回避に期待できます。

集中力アップや脱ストレス・リラックス効果も抜群です！

30分ごと　2,000円

b.「免疫 POWER バリバリコース（AWG コード012・305)」
60min.／6,000円
c.「血液ハピハピ＆毒素バイバイ＆免疫 POWER バリバリコース」
120min.／12,000円

④★量子スキャン＆量子セラピー《メタトロン》

**あなたのカラダの中を DNA レベルまで調査スキャニングできる
量子エントロピー理論で作られた最先端の治療器！**

筋肉、骨格、内臓、血液、細胞、染色体など――あなたの優良部位、不調部位がパソコン画面にカラー６段階表示され、ひと目でわかります。セラピー波動を不調部位にかけることで、その場での修復が可能！
宇宙飛行士のためにロシアで開発されたこのメタトロンは、すでに日本でも進歩的な医師80人以上が診断と治癒のために導入しています。
a.b.ともに「セラピー」「あなたに合う／合わない食物・鉱石アドバイス」「あなただけの波動転写水」付き

a.「量子スキャンコース」　60min.／10,000円
あなたのカラダをスキャンして今の健康状態をバッチリ６段階表示。ミニセラピー付き。

b.「量子セラピーコース」
120min.／20,000円
あなたのカラダをスキャン後、全自動で全身の量子セラピーを行います。60分コースと違い、のんびりとベッドで寝たまま行います。眠ってしまってもセラピーは行われます。

⑤★ソマチッド《見てみたい》コース

**あなたの中で天の川のごとく光り輝く「ソマチッド」を
暗視野顕微鏡を使って最高クオリティの画像で見ることができます。
自分という生命体の神秘をぜひ一度見てみましょう！**

a. ワンみらくる　1回／1,500円（5,000円以上の波動機器セラピーをご利用の方のみ）
b. ツーみらくる（ソマチッド前後比較）2回／3,000円（5,000円以上の波動機器セラピーをご利用の方のみ）
c. とにかくソマチッド　1回／3,000円（ソマチッド観察のみ、波動機器セラピーなし）

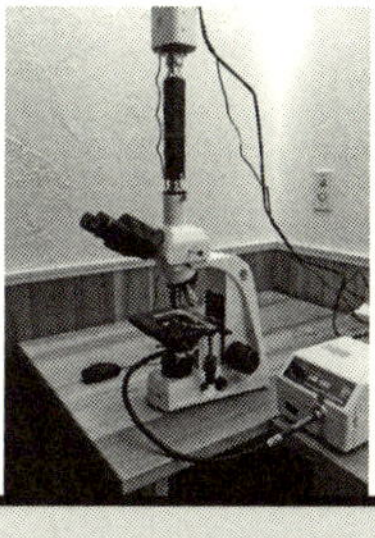